U0045513

法華經精要

不可思議的今生成佛智慧
開發您本有的無限潛能

梁崇明　編譯

目次

妙法蓮華經卷第七

序言

《妙法蓮華經》，簡稱《法華經》。釋迦牟尼佛在世的時候，弟子跟世尊修學，經過阿含、方等、般若之後，佛才講這部經典，宣說究竟圓滿的佛境及人人皆可成佛的一乘法。

「妙」有微妙、奧妙、不可思議、最好、最究竟、最圓滿的意思，「妙法」，指究竟圓滿，微妙無上的法，即佛所自證不可思議難得的真理。「蓮華」，以蓮花喻污泥而不染，也就是菩薩的精神——菩薩在娑婆世界、五濁惡世中廣度眾生，卻不受眾生的煩惱所影響，就像蓮華一樣；從另一方面來說，眾生若能經由修學佛法，從煩惱身發現智慧身，那麼這個智慧身也就等於清淨的蓮華。此部經以蓮華為名，象徵這一部經就像蓮花那麼清淨，宣說著非常微妙正確的佛法，在濁世中，不為世俗所染，因此叫做《妙法蓮華經》。

《法華經》的基本思想為「開權顯實」、「會三歸一」，最大的特色便是宣說「唯有一佛乘，方便說有三」。本經包含了所有佛說的道理，攝受大、小根器的眾生都回歸大乘，回歸到最高法門，就像大海納百川一樣，開權教顯圓實，這就是會三乘歸一乘的

「會三歸一」。釋迦牟尼佛為教導眾生，開啟權巧方便的緣起實相，以顯現諸佛所宣說的法性實相，其目的在「會三歸一」，其實只有「一佛乘」，目的皆在令眾生成佛。

《法華經》在天臺智者大師的「五時八教」中，判攝《法華經》是五時中教法最圓滿之時—第五時，在教之順序上，喻為醍醐味。五時，第一是華嚴時，第二是阿含時，第三是方等時，第四是般若時，第五是法華涅槃時，是針對對象程度的深淺而分別說出不同的經典。第五時期的「法華、涅槃」為純粹的圓教，這是專為大乘的根性說法的。

因此，本經開啟了「回小向大」的門徑，為令眾生成佛而示現種種方便門，開示佛的諸法實相，《法華經》中以「十如是」，即「如是性、如是相、如是體、如是力、如是作、如是因、如是緣、如是果、如是報、如是本末究竟」的概念來詮釋諸佛境界。《摩訶止觀》中的「一念三千」法門即是根據《法華經》「十如是」形成天台宗這一重要思想的最絕妙之說，亦是形成「十界互具」思想根據的十法，而其總稱為「諸法實相」。凡聖的境界由下而上分為：地獄、餓鬼、畜生、人、修羅、天、聲聞、緣覺、菩薩和佛等十類，因為各有因果，所以稱為「十界」。每一眾生一念心中都具足十法界，只要一念與某界相應，此心即在某界，所發的心將相應於所行之道，並隨著心念染淨而遊走上下各法界，此稱「一心法界」。

本經亦強調由信成佛。佛陀開示各種方便法門，若眾生能夠信解，必可即成佛道。唯有真正相信佛所說的法，句句真實，對佛法有了正確的認知與信仰後，也就是代表著人人皆有成佛的機會。

《法華經》一再強調佛陀成佛以來無量無邊劫，恆常以種種方便隨類教化，常住不滅。即佛陀的應化身有壽命長短，但佛陀的法身是長遠的，象徵佛在時間上、空間上的無限性。所以，成佛之道在於菩薩道的實踐，為利益眾生而揭示真實解悟生命之道。經中也教導我們，要如常不輕菩薩般，將眾生視為未來佛，而不生起任何輕慢心。這也是由於我們的一念心與一切諸法之間是互具互融，十界互具，是法平等，無有高下之來源，故當一體同觀。經中也教示「人人都能成佛」的思想，眾生生命是平等的，無論是二乘人、女人，甚至是惡人，只要自覺使命，信念具足，都有能力成為一個圓滿覺悟的佛。

因此，我們的心中本來就有十界，也皆具有可以成佛的素質。我們的一念心中，具足三千迷悟諸法，一動念，就生起現象諸法，亦表示平凡眾生之心念，具足無限的可能性。宇宙萬有的根源都在我們心中，一念開覺，即能開發本有的無限潛能，當下轉凡成聖，煩惱即可化為菩提。

本書摘錄了《法華經》各品的重點內容，提供淺顯易懂的白話文解說以及重點標示，並闡述各章旨趣及意涵，令讀者藉由閱讀本書，真正了解《法華經》中清淨圓融的佛境界，助益讀者將佛法落實於平常日用間。在受持、讀誦《法華經》的過程中，也能夠承蒙諸佛護念、菩薩守護。有了方法與信心，人人都能從經典中獲得饒益，在生活中體現一念成佛、今生成佛的智慧，趣入一乘之境。

導讀

《妙法蓮華經》由印度傳入中國，共有三種譯本：

一是月氏國三藏法師，竺法護初譯此經，名《正法蓮華經》，共有十卷，二十七品。

二是龜茲國，三藏法師鳩摩羅什譯，名《妙法蓮華經》，共有七卷，分為二十八品。

三是北天竺國，闍那崛多與達摩笈多兩位三藏法師，重譯此經，名《添品妙法蓮華經》，共七卷，二十七品。

其中以《正法蓮華經》最詳密；但流傳最廣，一般所誦者是第二種譯本。今解釋此經，就是依鳩摩羅什法師的譯本，名《妙法蓮華經》。

法華經的思想源流

《法華經》是佛陀在靈鷲山上，與一萬二千多弟子們聚會時，所說的大乘經典。會中，都是沒有煩惱，心中得到解脫，不再有生、老、病、死輪迴的心結的阿羅漢，還有許多菩薩及天人等，以及他們的眷屬總共十幾萬人。

舍利弗尊者曾三次請求佛陀講說本經，最初佛告舍利弗：「止！止！不須復說。若說是事，一切世間諸天及人皆當驚疑。」舍利弗再次請求，佛陀回答：「若說是事，一切世間天、人、阿修羅皆當驚疑，增上慢比丘將墜於大坑。」佛的眾多弟子中，舍利弗已是智慧第一，尚且如此。因為這《妙法蓮華經》的經意、內容，是佛才能究竟的諸法實相，在釋迦牟尼佛心目中，這種稀有難解之法，不是一般凡夫二乘所能聽懂和接受的，因為若是妄想以小量大，難免引起偏執而誤解。甚至那些得少為足的增上慢人，聽了即生驚疑，而不信此《法華經》的義理。

因此，當佛陀答應開講時，當時果然如佛所料「有諸聲聞、漏盡阿羅漢千二百人，及發聲聞辟支佛心」的四眾弟子聽了佛所說後，竟然有五千人無法接受而退席。

法華經的地位

天台智者大師所主張之「五時八教」，即將佛教諸經典之內容加以分類、解釋。

智者大師將釋迦牟尼佛說法四十九年分為五個時段，針對對象程度的深淺而分別說出不同的經典，從說法之順序分判為五時，分為華嚴、阿含、方等、般若、法華涅槃。

第一華嚴時，指佛陀在伽耶城附近的菩提樹下，成道最初之三七日間說《華嚴經》之時期，如日照高山之時。當時說教之內容是正說圓教，兼說別教，而說法之對象是別教之大菩薩眾與圓教中之優秀份子。但此時之說法程度太高，聲聞皆如聾如啞，未能收到化益之效果。從教之順序來說，相當於初從牛身擠出之乳味。

第二阿含時，指佛陀說華嚴經後之十二年間，在鹿野苑等地，於十六大國說小乘四阿含經之時期，如日照幽谷之時。從佛陀教化之意義而言，因是以根機較淺者為對象而誘導之，故稱誘引時；在教之順序上，此期譬喻為酪味。

第三方等時，指鹿苑時之後八年間說維摩、思益、勝鬘等大乘經典之時期，如日照平地之時。佛既說小乘，更演維摩、楞伽等大乘經，令二乘行者，耻小乘而慕大乘。在教之順序上，則喻為生酥味。

第四般若時，指方等時之後二十二年間，說諸般若經之時期。此時所說教法，在內容上為通、別、圓三教。從佛陀教化之意義言，此時為淘汰大小乘分別之偏執，說諸法皆空，融合大小乘於一味，故稱為淘汰時；在教之順序上，喻為熟酥味。

第五法華涅槃時，指為使受教者之能力進至最高境界，證入佛知見之時期，謂佛見鈍根眾生，機漸純熟，故說法華經、涅槃經，以開權顯實，會三歸一，約於佛陀在最後八年間說法華經與入涅槃之前一日一夜說涅槃經之時期，如日輪當午之時。在教之順序上，喻為醍醐味。令一切眾生，咸得成佛。

八教，有化儀四教、化法四教。

化儀四教，是以佛陀教化的形式而分，係指：頓、漸、祕密、不定。

化法四教，是以佛陀教化的內容而分，係指：藏、通、別、圓。藏教指《阿含經》；通教指《般若經》；別教是方等部經典；圓教則是成佛後所說的《華嚴經》，以及涅槃前所說的《法華經》，這是大乘佛教中的兩部大經典。

法華經的宗旨

會三歸一

〈譬喻品〉中，佛陀為舍利弗正式授記，並以火宅喻「開權顯實」——應大眾根機而設小乘、中乘、大乘法，接引人人出離充滿煩惱無明的火宅；最終「三乘歸一」，歸於一乘真實大法，如同搭乘穩固寬敞的大白牛車，自度度人，同行成佛之道。即開三乘之方便歸入一乘之真實。

佛法分為五乘：人、天、聲聞、緣覺、菩薩。僅持五戒、十善，是人天乘法；聲聞、緣覺屬於小乘；菩薩則是大乘。站在菩薩的立場來看，「三」是「三乘」，指聲聞乘、緣覺乘和菩薩乘。本經旨在闡述「一佛乘」之理，弘揚「三乘歸一」，即聲聞、緣覺、菩薩三乘歸於一佛乘，指出一切眾生皆能成佛。佛講說正法有次第不同，因為眾生各有不同程度的根性，採取方便靈活的說法，以便他們接受，所以教有三乘，但總的目的都在於引導眾生達到佛乘妙道。

「一佛乘法門」和「三乘法門」，各自又都表現為許多具體的法門，雖然有主次之分，但卻是相互相容的，相輔相成地構成一個完整的解脫法門。

開權顯實

權法，指的是善巧方便之法。實法，指的是諸法實相。《法華經》的「純圓獨妙」，就在於「開權顯實」。原本佛說法都是為了真實法，但由於各個根性的不同，所以先鋪排一些權巧方便法，隨順著眾生種種性、欲、根等因緣來說法，這樣一步一步地進行調攝，等到調攝成熟時，最後才「開權顯實」，開示這些權巧方便法，將之全部會歸真實法。

諸佛的智慧即是瞭解「諸法實相」的道理，《法華經》中以「十如是」，即「如是性、如是相、如是體、如是力、如是作、如是因、如是緣、如是果、如是報、如是本末究竟。」的概念來詮釋諸佛境界。

開跡顯本

《法華經》分為七卷，共有二十八品，前十四品是說一乘之因，後十四品是說一乘之果；也可說前十四品是開權顯實，後十四品是開跡顯本。

天臺智者大師說，佛陀之所以用蓮花來譬喻形容法的妙，是因為蓮是為了孕育蓮子而開花。蓮子是蓮蓬結的，蓮花掉了就看到蓮蓬，蓮蓬裡面就有蓮子，但是蓮花含苞待放時，只見其花不見蓮子，這部分正好用來譬喻佛的跡門。

成道之釋迦牟尼佛，為垂跡之身，以顯久遠實成之本地。即指實體與其影現。本門，謂如來於久遠之往昔即已成道（久遠實成之本佛），以顯示佛陀之本地、根源、本體之說，故謂之實體；跡門，指新近示現之佛陀。

釋迦牟尼佛說明這一生的成佛，其實只是他的一個示現（跡），他並非這一生才成佛的。據《法華經》卷五〈如來壽量品〉載，一切世間天、人皆以釋尊為伽耶始成之新佛，實則於百千萬億那由他劫以前已然成佛，伽耶成佛之身僅其垂跡而已。佛身有生身與法身之別，謂生身已滅度，而法身猶存。法身即是「本」，乃久遠實成之本佛，佛把這本地風光打開來給我們看，故名「開跡顯本」。本門的示現，即是在於佛陀把他到娑婆世界來教化眾生最終的目的以及本身真實的背景，在《法華經》裡，全部告訴大家。

一切眾生皆可成佛

如〈譬喻品〉中說：「聞一切眾生，皆當成佛。」又如〈方便品〉中的「十如是」：「唯佛與佛乃能究盡諸法實相，所謂諸法如是相、如是性、如是體、如是力、如是作、如是因、如是緣、如是果、如是報、如是本末究竟等。」指從開始的「相」到最後的「報」，都是因緣所成，究其致極，法性畢竟空寂，實相平等一如，所以稱為「本末究竟等」。以及佛欲令一切眾生得「四佛知見」，抑或著名的法華七喻，在在處處無不是引導眾生進入唯一佛乘，相信一切眾生皆可成佛，以及說明眾生平等之理。其中常不輕菩薩則具體的實踐了平等之行，不但視對自己刀杖瓦石去侮辱的人平等，悉皆禮拜讚歎，並作是言：「我深敬汝等，不敢輕慢，所以者何？汝等皆行菩薩道，當得作佛。」對一切眾生皆能成佛的唯一佛乘深信不疑，一句「汝等皆當作佛」憶持不失，時時宣說。

《法華經》就是強調這一點，無論你再怎麼惡，所有的人終究都是會成佛的。只要我們誦過《法華經》，無形當中就會受到佛陀的授記。經中佛陀給所有的弟子授記成佛，就是佛陀和我們保證，在學佛的路上一直向前走，不管如何，最後一定會成佛。

法華經的修行意義

《法華經》「會三歸一」的思想，明示佛與眾生的區別在於，佛為明了宇宙萬法的真理，眾生為顛倒迷惑的盲者。讓現代人的生活有了正見的基礎，從方法上開啟了善巧方便的修證實踐。

三乘都是方便說，最終要歸不生不滅的佛乘，這是萬法的真相。譬如作畫的三種進程與境界，分別為畫匠、畫師及畫聖，「畫匠」是基本技法，通常是講求實際的功利境界。而「畫師」，技術達到了一定的境界，除了描繪出作品的形象，還能抒發一己之真性情，創作出引人入勝的境界。「畫聖」的境界，已達以世界映現在一己心中，因畫者的心識清淨，對境表達出來，超升到與藝術達到一體化的境界。

然而，任何的進程終究歸於佛的境界。聲聞和緣覺二乘人，隨時覺悟到自己的菩薩根性，能夠提升到佛的知見。而畫匠，也能經由技術的純熟及精神的陶冶逐步到達畫聖的境界，到達的這個境界，可比喻為掌握其實相的最高無上智，物我合一所得的境界—佛界。

諸佛為了接引不同根性的眾生而方便地把一佛乘分別說成三乘，使得各種層次的眾生，都有入門處的著力點。這就好像是萬丈高樓從地起，雖然目的要到最上一層，但得逐層建築。「一佛乘」是一座整棟樓房，「分別說三」是說這棟樓房有三層高。如果要到最上面一層去，許多人沒有辦法一步就跨到第三層樓上，必須逐層拾梯而上，因此這就等同「方便說三乘」一樣了。但是除了上得最高一層者知道全樓的景色為何，以下諸層的住戶訪客，都不能得知此樓的全貌全景。若已登至最上一層，它和下面是不能分開的，一分開就不是最高一層。因此既得全體的一乘，就不用再分別逐層的三乘了。雖然我們一開始學的是權法，學的是比較淺顯的教法，但是只要是正法，都是在累積資糧，就算是權法，也要了解權法當中有實相，實法也要有權法顯現。

《妙法蓮華經》的「妙」字是形容「法」，也就是說，人世間我們所看到的任何一件事情，都是一個法。所有世間、出世間的一切，每一個法都包含諸法實相。只要我們能體悟，透過每一個法，都能讓我們修行。〈見寶塔品〉、〈從地湧出品〉、〈如來壽量品〉等這幾品經，都說明了佛身的統一，隱喻著我們當提升自己的心境，才能見到諸佛菩薩，亦能見得全體一乘之境界。並且以常不輕菩薩為榜樣，做一個謙虛恭敬，不管其他修行人其行為如何，都恭敬禮拜，且修忍辱行的菩薩。同時，向藥王菩薩看齊，具足為法忘軀的精神、慈悲施藥的精神，發願當一切眾生喜見菩薩，讓眾生歡喜。另外，法華經中的〈觀世音菩薩普門品〉，這是觀世音信仰的源頭。初學佛教的信徒，大部分都會從讀誦〈觀世音菩薩普門品〉入手，只要大家有誦念過，就與《法華經》結上緣了。〈觀世音菩薩普門品〉，也啟發我們本性的良知，發起大慈悲心。

以這樣的觀點，修練我們的心境，了悟人人具足成佛的本性，無論任何的身份、職業，皆為佛性的體現，亦能觀一切眾生平等一體的成佛本性。如此，便能發現《法華經》與我們的生活相呼應，從而開拓一條在日常生活中悟道成佛的新道路。

序品第一

入三昧示現種種瑞相

天上降下種種妙華，佛的眉間白毫放大光明，
照東方萬八千世界。

【釋題】

序，是序述；品，是章段的別名。結經者將全經義理類分為二十八段，第一段是序述法會緣起，所以名為序品第一。

【要義】

世尊在靈鷲山先說《無量義經》後，即入三昧示現種種瑞相，放眉間毫光，照東方萬八千世界。與會大眾見狀無不驚奇，彌勒菩薩代表所有聽法大眾，向文殊師利菩薩請問世尊此舉的用意，文殊菩薩答過去諸佛欲宣說《法華經》前，必現此瑞相。

爾時佛放眉間白毫相光，照東方萬八千世界，靡不周遍，下至阿鼻地獄，上至阿迦尼吒天。於此世界，盡見彼土六趣眾生，又見彼土現在諸佛，及聞諸佛所說經法。並見彼諸比丘、比丘尼、優婆塞、優婆夷，諸修行得道者。復見諸菩薩摩訶薩，種種因緣、種種信解、種種相貌，行菩薩道。復見諸佛般涅槃者。復見諸佛般涅槃後，以佛舍利起七寶塔。

此時，只見**佛陀眉間放出白毫相光**（佛三十二相之一，如琉璃管狀），**照耀於東方一萬八千多個世界，無不周遍。下至阿鼻地獄**（無間地獄。造五逆罪，墮此地獄，受苦無間），**上至阿迦尼吒天**（色界最高之「色究竟天」），這個世界各個部分中生活著的**六類眾生即地獄眾生，餓鬼、畜生、阿修羅、人、天等都有能清清楚楚地看見。**除過這六凡之外，還能看見這個世界中的現在諸佛，並能聽見諸佛所說的經法。同時還看見諸比丘、比丘尼、優婆塞、優婆夷以及那些修行得道者。還看見諸菩薩和大菩薩們以種種因緣修種種法門，通過對種種法門的信解，而呈現出各種各樣非凡的相貌和神通，並由此而行菩薩道。大慈大悲，普度眾生。通過佛

爾時彌勒菩薩，作是念：「今者世尊現神變相，以何因緣而有此瑞？今佛世尊入於三昧，是不可思議、現希有事。」

或見菩薩，而作比丘，獨處閑靜，樂誦經典。

又見菩薩，勇猛精進，入於深山，思惟佛道。

又見離欲，常處空閒，深

的白毫相光，大家還看到了已經涅槃的諸佛以及諸佛涅槃後以佛的舍利（為戒、定、慧三學熏修的結晶體）所建起的七寶佛塔（七寶是：金、銀、琉璃、硨磲、瑪瑙、珍珠、玫瑰）。

此時，彌勒菩薩心想：「今天，世尊現出這般神變之相，是以甚麼因緣而有此祥瑞之兆呢？現在世尊進入一種不可思議的禪定之中，這是一般人很難達到的一種非常少有的奇事。」

我還看見有的菩薩以和尚的面目出現，他們獨自在閑林幽谷的僻靜之處，一心一意地讀誦經典。

有的菩薩勇猛精進，不避險難，他們進入深山老林之中，冷靜地思考體悟佛道。

那些離欲之人，經常在空閑絕欲之境修習禪

修禪定，得五神通。

又見菩薩，安禪合掌，以千萬偈、贊諸法王。

復見菩薩，智深志固，能問諸佛，聞悉受持。

又見佛子，定慧具足，以無量喻，為眾講法。

欣樂說法，化諸菩薩，破魔兵眾，而擊法鼓。

定，豪無間斷，從而獲得了天眼通、天耳通、他心通、宿命通、神族足通等五種神通。

還有一些菩薩，安住於禪定之中，並端心一意，恭敬合掌，以千偈萬頌讚嘆三世十方一切佛的功德。

又有一些菩薩，智慧深邃，志向堅定，他們能經常向佛請問佛法，聽佛講解之後便依教奉行，受持不怠。

我還看到一些佛弟子們，不但定力深厚，而且智慧具足，他們通過無數種比喻為眾生講解佛法。

他們樂於從事這種講經說法的善舉，從而教化菩薩，破除邪魔，擊法鼓使法音常鳴。

又見菩薩，寂然宴默，天龍恭敬，不以為喜。

又見菩薩，處林放光，濟地獄苦，令入佛道。

又見佛子，未甞睡眠，經行林中，勤求佛道。

又見具戒，威儀無缺，淨如寶珠，以求佛道。

又見佛子，住忍辱力，增

又有一些菩薩打坐入定，心清意淨，不為外境而動念，天龍神聖前來恭敬禮拜，他們也不會因此而生出歡喜之心。

另有一些菩薩在山林之中打坐入定，身上發出清淨的光芒，直照地獄深處，讓地獄中受苦難的眾生獲得救濟，使他們都入於佛道。

我還看到一些苦行菩薩們，在山林中終日不坐不臥，一刻也不眠睡，極其勤奮地尋求著成佛的道路。

我還看見那些受持具足圓滿的清淨大戒的修行者，具足了完滿無缺的威儀，猶如明淨的寶珠一樣，求取無上佛道。

又有一部分弟子，他們專心致志地修忍辱行

上慢人，惡罵捶打，皆悉能忍，以求佛道。

又見菩薩，離諸戲笑，及痴眷屬，親近智者，

一心除亂，攝念山林，億千萬歲，以求佛道。

彌勒當知，爾時會中，有二十億菩薩樂欲聽法。是諸菩薩，見此光明、普照佛土，得未曾有，欲知此光所為因緣。

門，那些傲氣凌人的低俗之輩無論如何對他們惡意辱罵，甚至施暴捶打，他們都能忍受，以達到佛的境地。

還有一些不苟言笑、清淨脫俗的菩薩，他們遠離那些愚痴不化的親朋眷屬，親近智慧具足的善者，

他們專心一意消除散亂，好攝持正念於山林之中，在千年萬載的歲月長河裡，矢志追求著成佛解脫的道路。

彌勒菩薩，你應當知道，那時的無量義會中，共有二十億菩薩，都樂意聽佛說法。這些菩薩看見佛的白毫相光照耀東方諸佛土後，都深感是從未見過的奇蹟，所以很想知道這種佛光之所以發放的有

時有菩薩，名曰妙光，有八百弟子。是時日月燈明佛從三昧起，因妙光菩薩、說大乘經，名妙法蓮華，教菩薩法，佛所護念，六十小劫不起於座。時會聽者亦坐一處，六十小劫身心不動，聽佛所說，謂如食頃。是時眾中，無有一人若身若心而生懈惓。

關因緣。

那時，有一位菩薩，名叫妙光，他一共有八百個弟子，這時日月燈明佛，從禪定之中起來後，為妙光菩薩講說大乘經典，這大乘經的經名叫做妙法蓮華。此乃教化大乘菩薩的無上法門，也是受諸佛的護持與關懷的要點。日月燈明佛講此經，一共歷時六十小劫（梵語劫波，譯為長時。相當於十幾萬年的一種時間單位）。**在這麼長的時間裡，佛一直端坐不動，身心不亂**。那時，**法會中的聽眾也都各坐一處，不起於座，歷時六十小劫而身心不動**。他們聽佛宣講如此妙法，個個全神貫注，**六十小劫猶如吃一餐飯的時間就過去了**。當時，法會之中的所有聽眾，並無一人身體疲倦，心神懈怠的。

日月燈明佛於六十小劫說是經已，即於梵、魔、沙門、婆羅門、及天、人、阿修羅眾中，而宣此言：「如來於今日中夜，當入無餘涅槃。」

時有菩薩，名曰德藏，日月燈明佛即授其記。告諸比丘：「是德藏菩薩，次當作佛，號曰淨身多陀阿伽度、阿羅訶、三藐三佛陀。」佛授記已，便於中夜、入無餘涅槃。

我見燈明佛，本光瑞如此，以是知今佛，欲說法華經。

日月燈明佛歷經六十小劫，說完此經後，即於梵天王、魔王、沙門、婆羅門以及天神、人眾、阿修羅等大眾之中，做這樣的宣言：「如來世尊將於今天夜裡，就要進入無餘涅槃了。」

那時，在場的眾人中有一位名叫德藏的菩薩，日月燈明佛當眾為他授記，告訴比丘們說：「這位德藏菩薩將在我涅槃後成佛，其號為淨身、多陀阿伽度、阿羅訶、三藐三佛陀。」**日月燈明佛授完記後，便於半夜之時，入於無餘涅槃。**

我看日月燈明佛的瑞光同今日釋迦牟尼佛的瑞光是相同的，所以我知道今日的釋迦牟尼佛是要

今相如本瑞，是諸佛方便，
今佛放光明，助發實相義。
諸人今當知，合掌一心待，
佛當雨法雨，充足求道者。
諸求三乘人，若有疑悔者，
佛當為除斷，令盡無有餘。

說《法華經》了。諸佛所現說法之瑞相，是一種善巧方便之法。**現今釋迦牟尼佛放大光明，是用以扶助開發實相的妙義**。所以，大家應當心中有數，恭敬合掌，一心期待佛的說法吧！眾生等待佛法，猶如乾渴思飲，所以，佛將廣施大法之雨，普潤一切眾生之心，以充滿一切求道者的渴望。那些追求聲聞、緣覺和菩薩三乘的人，若還有什麼懷疑、後悔的話，佛將為其講說法要，所以其疑根，除其悔退，使其再無任何疑惑。

方便品第二

開權顯實

佛以方便力，曾分說三乘之教，
今日所說才是佛的真實教法。

【釋題】

〈方便品〉是本經的重要核心思想，主張一佛乘思想，是「跡門」中的正宗分，與「本門」的正宗分〈如來壽量品〉相對，形成本經的兩大中心。

【要義】

〈方便品〉是如來「開權顯實」很重要的一品，是開示眾生本有佛性，明白說出「十方佛土當中，唯有一乘佛法是了義之法」，其餘都是不了義法。經四十九年的演說，世尊要入滅以前，到了法華會上，才全盤托出。在佛說法的四十九年當中，世尊處處指示「諸法實相」，只是眾生仍舊不能見性，因此權巧地開示，所以稱為〈方便品〉，說出什麼是如來的方便，什麼是如來所要說的真實法。

爾時，世尊從三昧安詳而起，告舍利弗：「諸佛智慧甚深無量，其智慧門難解難入，一切聲聞、辟支佛所不能知。所以者何？佛曾親近百千萬億無數諸佛，盡行諸佛無量道法，勇猛精進名稱普聞，成就甚深未曾有法，隨宜所說意趣難解。

舍利弗！吾從成佛已來，種種因緣，種種譬喻，廣演言教無數方便，引導眾生令離諸

那時候，世尊非常安詳地結束禪定，告訴舍利弗說：「諸佛所具有的智慧，十分深奧，無法度量。而且，證得這種智慧的方法，也很難理解，很難深入其中，**所有聲聞、辟支佛二乘之人，都難以領會這種佛智及其證得方法**。為什麼呢？因為佛之所以能成就這樣的智慧，關鍵在於他曾親近供養過成百上千、數萬數億以至無量無數個佛，並隨順諸佛修習，盡行諸佛無量種道法，勇猛無畏，精進不怠，名聲普聞於大千世界，成就了前所未有的深妙法門。**佛隨宜說法，因機施教，因此，其中的真意義，一般人也就難以理解**。

舍利弗！我從久遠之世**成佛以來，我根據種種不同的因緣，利用種種不同的譬喻，廣泛演說佛法教理，以無數方便引導眾生，使之出離了三界煩惱**

著。所以者何？如來方便知見波羅蜜皆已具足。

舍利弗！如來知見，廣大深遠，無量無礙，力、無所畏、禪定、解脫三昧，深入無際，成就一切未曾有法。舍利弗！如來能種種分別，巧說諸法，言辭柔軟，悅可眾心。舍利弗！取要言之，無量無邊未曾有法，佛悉成就。

止，舍利弗！不須復說。所以者何？佛所成就第一希有

及法愛等的染著。何以能夠這樣？因為如來的方便善巧，權實並用的知見波羅蜜，全都已完整具備之故。

舍利弗！如來世尊的知見，廣大而深遠，無數無量，無有障礙。佛的十種特有力量和四種無所畏懼，佛的禪定和解脫之定等皆深奧無邊，為亙古未有的法門。舍利弗！如來世尊能通過各種不同方式，非常巧妙地宣說各種法門，其說法之辭和順柔軟，使眾生聽後無不心裡悅服。舍利弗！取要言之，如來世尊已成就了無量無邊、亙古未有的法門。

算了，舍利弗！不必再說了。為什麼呢？因為，如來世尊所成就的第一殊勝希有、難以瞭解的

難解之法。唯佛與佛乃能究盡諸法實相，所謂諸法如是相，如是性，如是體，如是力，如是作，如是因，如是緣，如是果，如是報，如是本末究竟等。」

爾時世尊欲重宣此義，而說偈言：

「世雄不可量，諸天及世人，

一切眾生類，無能知佛者。

佛法，只有諸佛與釋迦牟尼佛才能窮究盡底，才能認識到諸法實相。什麼是諸法實相呢？就是從諸法的**相**、**性**、**體**、**力**、**作**、**因**、**緣**、**果**、**報**、**本末究竟**等十幾個方面來把握的。所謂相即外觀形相；性即本性；體即質體；力即事物所具有的功能；作即身、口、意三業的作為；因即業因、根源；緣即輔助原因；果即結果；報即報應、果報，從形相之本到報應之末，它們的實質怎麼樣？等等。」

這時，世尊在對舍利弗的話說完，想再把這話裡的意義，宣說一遍，便以偈頌形式說道：

「世間和出世間唯一的大英雄——佛，其實是高深莫測的，無論天上的神眾，還是地上的世人，所有一切眾生都不知道佛的深妙境界。佛的**十種智**

佛力無所畏、解脫諸三昧，
及佛諸餘法，無能測量者。
本從無數佛，具足行諸道，
甚深微妙法，難見難可了。
於無量億劫，行此諸道已，
道場得成果，我已悉知見。
如是大果報，種種性相義，
我及十方佛，乃能知是事。
是法不可示，言辭相寂滅，
諸餘眾生類，無有能得解，
除諸菩薩眾，信力堅固者。
諸佛弟子眾，曾供養諸佛，
一切漏已盡，住是最後身，

力和四種無所畏，佛的各種解脫之道和諸多禪定，還有佛的其它道法，都是無法測度的。我本已跟從過無數個佛，具足了他們的所有道法，這些道法個個甚深微妙，一般人很難見到，也很難明了。佛已在無量億劫數以前，廣泛地修持佛的道法，終於在修法行道的所得成正果。所有這些，我已悉知悉見。像剛才所說的十種大果報，尤其是其中法性與法相的深奧義趣，只有我和十方諸佛才能明白。

因為這種法不可以隨便就講給人聽，**它是究竟實相的法門，在這裡沒有用言語表達的路，也沒有用心思考的餘地，它是超言絕象，絕對寂滅的一種至高境界**，無論是哪類眾生都不能理解其中的義趣。除了信力特別堅固的大菩薩之外，佛的其它弟如是諸人等，其力所不堪。
假使滿世間，皆如舍利弗，
盡思共度量，不能測佛智。
正使滿十方，皆如舍利弗，
及余諸弟子，亦滿十方剎，
盡思共度量，亦復不能知。
辟支佛利智，無漏最後身，
亦滿十方界，其數如竹林，
斯等共一心，於億無量劫，
欲思佛實智，莫能知少分。
新發意菩薩，供養無數佛，
了達諸義趣，又能善說法，
如稻麻竹葦，充滿十方剎，

子，即使曾供養過許多佛，消除了一切煩惱和欲望，只剩下最後這一次輪迴果報之身，行將獲得最終解脫，他們也是無法測知佛的智慧的。假使全世界的人都像舍利弗那樣富有智慧，他們即使窮盡思想和智力來揣測佛的智慧，也是揣測不到的。

別說一個世界，就是十方所有世界中的眾生都像舍利弗或其它所有的佛弟子那樣智力超群，挖空心思，共同來度量、揣測佛的智慧，也還是不能理解的。因為**這些聲聞弟子的智慧只是權宜之智，而非體悟實相境界的實智**。比聲聞乘更高一級的辟支佛乘具有銳利的智慧，他們已斷盡煩惱，即將最後解脫。可就是這些辟支佛，即使像竹林一樣密密麻麻地佈滿十方世界，**他們萬眾一心，在億萬劫那麼**

一心以妙智，於恆河沙劫，
鹹皆共思量，不能知佛智。
不退諸菩薩，其數如恆沙，
一心共思求，亦復不能
知。」

又告舍利弗：「無漏不思
議，
甚深微妙法，我今已具得，
唯我知是相，十方佛亦然。

長的時間裡，共同思量佛的實智，也是連一點點都無法知道的。不但二乘，就是初發心的菩薩，已曾供養過無數的佛，他們既能對佛法的道理都通達無礙，而且還善於講說，這些初發心的菩薩像稻子、麻、竹子和蘆葦那麼充滿了十方世界，他們一心一意，用其微妙的智慧，在恆河沙劫那麼長的時間裡，共同思量，也無法知道佛的智慧。那些發心之後不再退轉的菩薩，即使像恆河之沙那麼多，他們一心共求佛的智慧，也是不得知曉的。」

釋迦牟尼佛又告訴舍利弗說：「這種無漏、不可思議的甚深微妙之法，我今天已全部證得。只有我和十方諸佛才知道實相之法的深妙義趣。舍利佛，你應當知道，十方三世一切佛的話語是沒有什

舍利弗當知，諸佛語無異，
於佛所說法，當生大信力，
世尊法久後，要當說真實。」
告諸聲聞眾，及求緣覺乘：
「我令脫苦縛，逮得涅槃者。」
佛以方便力，示以三乘教，
眾生處處著，引之令得出。
舍利弗！過去諸佛，以無量無數方便，種種因緣，譬喻言辭，而為眾生演說諸法，是

麼兩樣的，都說的是真實的、同樣的妙法，所以，對於佛所說的各種法，都應當堅信不疑。佛說法已很長時間了，**各個時期所說之法皆不相同，在這說法的最後時期，畢竟要說最真實的佛法。**」

佛又教化一切聲聞、緣覺乘弟子：「為了讓你們脫離痛苦的繫縛，達到涅槃解脫的彼岸。」所以**隨宜說法，因機施教，示以聲聞乘，緣覺乘、菩薩乘等三乘之教**。眾生不理解這種終極之法，處處執著，今天，我宣說這種終極之法，以使眾生從執著束縛之中解放出來。

舍利弗！過去世中的諸佛以無數方便權宜之法，通過種種因緣果報、各類譬喻、美妙的言辭等為眾生演說了一系列佛法。**這些佛法無論是以小**

法皆為一佛乘故。是諸眾生，從諸佛聞法，究竟皆得一切種智。

舍利弗！未來諸佛當出於世，亦以無量無數方便，種種因緣、譬喻言辭，而為眾生演說諸法，是法皆為一佛乘故。是諸眾生，從佛聞法，究竟皆得一切種智。

舍利弗！現在十方無量百千萬億佛土中，諸佛世尊多所饒益安樂眾生，是諸佛亦以無量無數方便，種種因緣、譬

乘、**大乘，還是以聲聞乘、緣覺乘、菩薩乘的形式出現，佛的本懷只是為了演說這唯一的佛乘。**眾生跟從諸佛聽法修習，最終將獲得一切種智。

舍利弗！未來世中的諸佛，他們出世之後，也將以無數方便之法，藉助於種種因緣、種種譬喻以及美妙的言辭，為眾生演說一系列佛法。**這些佛法無論以何種形式出現，它們最終的目標都是為了說明唯一的佛乘。**未來世中的眾生隨佛聽法，最終也將證得無所不知的一切種智。

舍利弗！現在世中的十方無數佛國中，所有的佛都在饒益眾生，使眾生得到安穩和快樂。**這些佛也是以無量方便之法，利用各種因緣、譬喻和言辭為眾生演講各類佛法。這些佛法都是圍繞著唯一的**

喻言辭，而為眾生演說諸法，是法皆為一佛乘故。是諸眾生，從佛聞法，究竟皆得一切種智。

舍利弗！是諸佛但教化菩薩，欲以佛之知見示眾生故，欲以佛之知見悟眾生故，欲令眾生入佛之知見故。

舍利弗！我今亦復如是，知諸眾生有種種欲，深心所著，隨其本性，以種種因緣、譬喻言辭，方便力而為說法。舍利弗！如此皆為得一佛乘、一切種智故。舍利弗！十方世界中，

佛乘而展開的。十方世界的眾生聽佛法，終將獲得佛的無上聖智。

舍利弗！所有過去、現在、未來的佛的宗旨就是教化菩薩，欲以佛的知見指示眾生，欲以佛的知見覺悟眾生，欲使眾生證得佛的知見。

舍利弗！我釋迦今世也是這樣。我深知眾生有各種各樣的欲望，這些欲望已深刻地植根在眾生的心念之中，所以，我便隨順眾生的本性，用各種因緣果報、譬喻及其它各種方便之力而他們說法。舍利弗，我這樣教化眾生，也都是為了使他們理解唯一的佛乘，從而最終獲證無所不知的佛智，達到佛

尚無二乘，何況有三。

舍利弗！諸佛出於五濁惡世，所謂劫濁、煩惱濁、眾生濁、見濁、命濁。如是，舍利弗！劫濁亂時，眾生垢重，慳貪嫉妒，成就諸不善根故，諸佛以方便力，於一佛乘分別說三。

的境地。舍利弗！**十方世界中尚且沒有二乘之分，更何況還有什麼三乘呢？**

舍利弗！諸佛出現於五濁惡世，所謂五濁就是劫濁（沒有時候，分不清楚，即整個世代災難不斷）、煩惱濁（即眾生充滿貪瞋痴等各種煩惱）、眾生濁（即眾生不信善惡報應，不畏惡業果報，不作功德，不修慧施、齋法，不持禁戒等。）、見濁（即眾生持邪惡或錯誤的見解，佛教正法日益衰替）、命濁（即眾生因作惡業，壽命極短）。所以說，舍利弗，當劫濁大亂時，眾生的罪垢非常深重，慳吝、貪婪、嫉賢、妒能，從而種下了不善之根。所以，**諸佛便以其方便之力，分別講三種佛法，以逐漸引導他們歸入佛乘。**

除佛滅度後，現前無佛。
所以者何？佛滅度後，如是等
經受持讀誦解義者，是人難得。
若遇餘佛，於此法中便得決了。
舍利弗！汝等當一心信解受持
佛語。諸佛如來言無虛妄，無
有餘乘，唯一佛乘。

比丘比丘尼，有懷增上慢，
優婆塞我慢，優婆夷不信，
如是四眾等，其數有
五千，

除非在佛滅度後，眾生面前沒有佛。為什麼呢？因為佛滅度後，像《妙法蓮華經》這樣一乘實法的經典，很難找到能受持、讀誦、理解義趣的人。如果能遇到其它的佛，那麼，對於《妙法蓮華經》中的這種**開權顯實**的道理便會明白了解。舍利弗！你們應當專心一意地信仰、理解、受持佛所說的這種法。諸**佛所說的話語沒有虛妄不實的，沒有其它什麼乘，只有唯一的佛乘**。

比丘、比丘尼中有些傲慢淺薄的人，優婆夷中也有這樣的人，包括優婆夷中的那些狐疑不信者，這四類人一共有五千人。他們持戒不嚴，看不見自己的過錯，而且還護著自己的毛病。這些小智之人

不自見其過，於戒有缺漏，
護惜其瑕疵。是小智已出，
眾中之糟糠，佛威德故去，
斯人尠福德，不堪受是法。
此眾無枝葉，唯有諸貞實。」
舍利弗善聽！諸佛所得法，
無量方便力，而為眾生說。
眾生心所念，種種所行道，
若干諸欲性，先世善惡業。
佛悉知是已，以諸緣譬喻，
言辭方便力，令一切歡喜。

已經出去了，他們是大眾之中的糟粕，因懼怕佛的威儀和德行，所以才離開了。這些人福薄德寡，不能信受這樣的妙法。**現在留在法會中的人已沒有那些不成器的枝葉，全是真實的具有大乘根器的人。**

舍利弗啊！聽好，許多諸佛的教法是以無量的方便之力而為眾生隨機演說的。每個眾生心裡所想，他們各種各樣的行為，各種各樣的欲望和根性，他們前生所造的善業，這一切，如來世尊全都知道，因此，佛就用種種因緣法、譬喻法、並使用一些美妙恰當的言辭來為眾生講經說道，以使所有聽法者都能心領神會，欣然接受。有時說長行直述

或說修多羅，伽陀及本事，
本生未曾有，亦說於因緣，
譬喻並祇夜，優波提舍經。
鈍根樂小法，貪著於生死，
於諸無量佛，不行深妙道，
眾苦所惱亂，為是說涅槃。

我有方便力，開示三乘法。
一切諸世尊，皆說一乘道，
今此諸大眾，皆應除疑惑，
諸佛語無異，唯一無二乘。

的契經即修多羅，有時就每句字數固定的偈頌即伽陀，有時說弟子們前世因緣的本事，有時說各種因緣，有時說各種譬喻，有時說重宣契經教義的重頌即祇夜，有時說闡釋佛法意義的論議即優婆提舍，**那些愚鈍的人眼光短淺，只喜歡小乘之法，貪著於生死而看不透。**他們過去在無量個佛面前未曾修行深奧微妙的佛道，所以遭受諸苦，心惱意亂。**對於這些人，我就講說涅槃解脫之法，先將他們從生死貪著之中解放出來。**

我通過方便權巧之力，為眾生開示三乘法門，雖然有聲聞乘、緣覺乘、菩薩乘的區分，但從本質上講，**所有的佛都只是說一乘的佛法。**所以，今天在座的所有大眾皆應該消除疑惑，要知道，諸佛的

過去無數劫，無量滅度佛，
百千萬億種，其數不可量。
如是諸世尊，種種緣譬喻，
無數方便力，演說諸法相。
是諸世尊等，皆說一乘法，
化無量眾生，令入於佛道。
又諸大聖主，知一切世間，
天人群生類，深心之所欲，
更以異方便，助顯第一義。

話語沒有兩樣，他們所說之法，**究竟只有一乘而無二乘**。在過去的漫長歲月中，曾有過無量無數的佛相繼滅度，其種類成千上億，多得不可思量。所有這些佛都通過各種因緣法、譬喻法等許多方便法門為眾生演說佛法，引導他們體悟真實之法相。這些佛其實講的都是一乘佛法，他們相繼教化無量無數眾生，使其最終證入佛道。**這些大聖之主——佛，知道一切世間的天眾、人眾等各類眾生內心深處和各種慾念，所以才隨宜巧設種種方便法門，藉此來顯出實相的第一義佛乘。**

譬喻品第三

三車火宅喻

佛將三界譬喻為火宅，三車譬喻三乘，顯示於一佛乘，分別說三及唯有一乘法，無二亦無三的深義。

【釋題】

譬喻，也就是《詩經》上所說的「比體」。《詩經》上有賦體、比體、興體；譬喻，就是「比」的體。比類為「譬」，曉知為「喻」，假託淺近之事，比類深遠之理，以曉知未悟，叫做「譬喻」。此品理深，以譬喻而能明白，所以叫〈譬喻品〉。《法華經》中所用譬喻實不少，如火宅喻、藥草喻、窮子喻、化城喻等。從本品到第九品皆依〈方便品〉進一步以「譬喻」及「因緣」等方式說明，使上中下根的聲聞弟子瞭解佛意。

【要義】

因本品是以「火宅」為喻，佛為四大聲聞說法，以三車（羊車、鹿車、牛車）譬喻三乘（聲聞、緣覺、菩薩）乃方便教說，誘引眾生出娑婆世界的火宅。從前面〈方便品〉知道：佛以前講的三乘法是方便說，真正的佛法只有一乘，就是佛乘。而〈譬喻品〉就是用譬喻的方式，說明為何只有一乘而非三乘。

舍利弗！若國邑聚落，有大長者，其年衰邁，財富無量，多有田宅及諸僮僕。其家廣大，唯有一門，多諸人眾，一百、二百乃至五百人，止住其中。堂閣朽故，牆壁隤落，柱根腐敗，梁棟傾危，周匝俱時欻然火起，焚燒舍宅。長者諸子，若十、二十，或至三十，在此宅中。長者見是大火從四面起，即大驚怖，而作是念：「我雖能於此所燒之門安隱得出，而諸子等，於火宅

舍利弗！我現在就給你們講一個譬喻。在某一個國家的某一個城鎮內的某一個村落，有一位長者，此人年邁壽高，財富無量，擁有大片田地和眾多的宅院，以及許多的僮僕。他的家園十分龐大，只開了一道院門可以進出，住在裡面的人口，約有一、二百人，有時甚至五百多人。可是，他家的房子均已年久失修，廳堂樓閣破敗，牆壁頹落，柱根腐朽，梁棟傾斜。一天，房舍四周忽然同時起火，整個宅院陷入火海之中。這位長者的兒子約有一二十人或三十多人當時正好都在家中。長者發現其家四面起火，頓時大驚失色，心想：「我的孩子雖然能從大火焚燒的院門中安全逃出，但是孩子們不明事故，他們依然在火宅之中嬉戲玩耍，毫不驚

內樂著嬉戲，不覺不知、不驚不怖，火來逼身，苦痛切己，心不厭患，無求出意。」

舍利弗！是長者作是思惟：「我身手有力，當以衣裓、若以机案，從舍出之。」復更思惟：「是舍唯有一門，而復狹小。諸子幼稚，未有所識，戀著戲處，或當墮落，為火所燒。我當為說怖畏之事，此舍已燒，宜時疾出，無令為火之所燒害。」作是念已，如所思惟，具告諸子，汝等速出。父

懼。大火快燒到他們身邊，灼熱的火苗正在烘烤著他們，但他們依然不知大難臨頭，根本沒有要求出去的意思。」

舍利弗！那位長者，對他陷入火宅的孩子，作這樣的想法：

「我身手有力，可以用衣、桌案掩護，救他們從火宅逃出。」可是他又想：「這座宅院只有一道門可以出去，而且還很狹窄，孩子們年幼無知，貪戀玩耍，不願離開，有可能落於火中遭受焚燒，我應當跟他們說此形勢的可怕，這座房舍已被火燒，你們應該趕緊離開，不要被火燒壞了。」這樣想過之後，這位長者便照所想的，告訴他們趕快逃離。然而，為父的雖然非常憐愛慈憫，好言相勸，但諸

雖憐愍、善言誘喻，而諸子等樂著嬉戲，不肯信受，不驚不畏，了無出心；亦復不知何者是火？何者為舍？云何為失？但東西走戲，視父而已。

爾時長者即作是念：「此舍已為大火所燒，我及諸子若不時出，必為所焚。我今當設方便，令諸子等得免斯害。」父知諸子先心各有所好種種珍玩奇異之物，情必樂著，而告之言：「汝等所可玩好，希有難得，汝若不取，後必憂悔。

位兒子卻根本不相信父親說的，他們依然高高興興地嬉戲玩耍，不驚不畏，沒有一點想出去的意思，也不知什麼是火，什麼是所燒的宅，以及為何會起火，他們仍一個勁兒地東走西跑，打鬧嬉戲，若無其事地盯著自己的父親。

鑒於這種情況，長者心想：「這座宅院已為大火所燒，我和孩子們如果不及時逃出，就必然會為火所焚。我現在應該以方便權宜之計，使孩子們得以免去這場災害。」父親知道諸位兒子以前各自的喜好，認為他們對各種珍玩奇異之物肯定會非常喜歡，便告訴他們說：「我有一些玩具，非常稀有難得，你們若不來拿，以後肯定會後悔的。現在，大門外有各種羊車、鹿車、牛車，可供玩耍遊戲，你如此種種羊車、鹿車、牛車，今在門外，可以遊戲。汝等於此火宅、宜速出來，隨汝所欲，皆當與汝。」爾時諸子聞父所說珍玩之物，適其願故，心各勇銳，互相推排，競共馳走，爭出火宅。

是時長者見諸子等安隱得出，皆於四衢道中露地而坐，無復障礙，其心泰然，歡喜踊躍。時諸子等各白父言：「父先所許玩好之具，羊車、鹿車、牛車，願時賜與。」

們應趕快從這火宅之中出來，到時，你們喜歡什麼都會給你們的。」這時，孩子聽父親說有珍奇的玩藝，正合他們的意願，於是個個心情激動、情緒高漲，他們互相推擠，爭先恐後地跑出火宅。

此時，長者見諸位兒子從火宅中安全逃出，在四條大道上露地而坐，他們已沒有什麼危急之險，所以他心中泰然無慮而歡喜踴躍。這時，孩子們都對父親說：「父親先前曾答應給我們好玩的東西，如羊車、鹿車、牛車等，請您趕快給我們吧！」

舍利弗！爾時長者各賜諸子等一大車，其車高廣，眾寶莊校，周匝欄楯，四面懸鈴；又於其上張設幰蓋，亦以珍奇雜寶而嚴飾之，寶繩絞絡，垂諸華纓，重敷綩綖，安置丹枕。駕以白牛，膚色充潔，形體姝好，有大筋力，行步平正，其疾如風；又多僕從而侍衛之。所以者何？是大長者財富無量，種種諸藏悉皆充溢，而作是念：「我財物無極，不應以下劣小車與諸子等。今此幼童，

舍利弗！這時長者給每個孩子們一輛大車，此車高大氣派，上面飾有各種珍寶，周圍裝有華麗的欄桿，四面懸掛著寶鈴。車上覆蓋著帳幕和寶蓋，幔蓋上裝飾著奇珍異寶，寶繩縱橫交錯，繩上垂掛著彩色的冠帶，車內鋪著重重迭迭的墊褥，放置著紅色的枕頭。駕車的白牛，此牛膚色純正潔白，形體優美，筋力強健，行走平穩，速度如風。另外，在車的兩旁還有許多僕從，殷勤侍衛，為什麼會有這樣富麗堂皇的牛車呢？因為這位長者擁有無盡的財富，各種寶藏都放得滿滿的。於是他想：「我的財物無量無數，我不應給孩子們劣等的小車。如今這些幼童都是我的孩子，對於他們，我各個喜愛，毫無偏袒，我既然有無數無量的七寶大車，就應該

皆是吾子，愛無偏黨。我有如是七寶大車，其數無量，應當等心各各與之，不宜差別。所以者何？以我此物，周給一國猶尚不匱，何況諸子！」是時諸子各乘大車，得未曾有，非本所望。

舍利弗！如來亦復如是，則為一切世間之父。於諸怖畏、衰惱、憂患、無明闇蔽，永盡無餘，而悉成就無量知見、力、無所畏，有大神力及智慧力，具足方便、智慧波羅蜜，

公平分給他們。為什麼呢？以我的七寶大車來說，將它送給一國之中所有的人，也用不完，何況這麼幾個孩子。」

這時，孩子們各自乘上華麗的大車，莫不嘆為觀止。他們能得到如此珍奇之物，的確是喜出望外。

舍利弗！如來世尊也是如此，他是所有世間一切眾生的父親，他已永恆而乾淨地掃除了一切怖畏、衰惱、憂患和愚痴暗蔽，全面成就了佛的知見、十種智力、四種無畏，具有巨大的神通力和智慧力，具足權巧方便法門和智慧超度法門，大悲使眾生離苦，永無懈怠地去尋求善事，**為教化利益一切**

大慈大悲，常無懈惓，恆求善事，利益一切，而生三界朽故火宅，為度眾生生老病死、憂悲、苦惱、愚痴、闇蔽、三毒之火，教化令得阿耨多羅三藐三菩提。見諸眾生為生老病死、憂悲苦惱之所燒煮，亦以五欲財利故，受種種苦；又以貪著追求故，現受眾苦，後受地獄、畜生、餓鬼之苦；若生天上，及在人間，貧窮困苦、愛別離苦、怨憎會苦，如是等種種諸苦。眾生沒在其中，歡喜遊戲，

眾生，而生於此欲界、色界、無色界等三界火宅。佛在此火宅之中，為度脫眾生的生、老、病、死、憂悲、苦惱、愚痴、暗蔽以及貪、瞋、痴三毒之火，便以各種法門教化他們，使他們得到無上正等正覺之佛智。眾生為生、老、病、死、憂悲、苦惱所燒煮，皆是因為貪著追求於五欲，不但現世受種種苦難，而且後世也會遭受地獄、畜生、餓鬼之苦，即使後世轉生於天上或人間，也會遭受貧苦、受別離、怨憎會等種種苦難。**眾生淹沒在苦海之中，但卻不知不覺，不驚不怖，毫無厭倦，歡喜遊戲，不求解脫。在此三界火宅之中，只是東奔西跑似地輪迴生死，雖遭大苦，他們也不以為患。**舍利弗，佛看到這種狀況後便想：「我為眾生之父，應當拔濟

不覺不知、不驚不怖，亦不生厭，不求解脫。於此三界火宅東西馳走，雖遭大苦，不以為患。舍利弗！佛見此已，便作是念：「我為眾生之父，應拔其苦難，與無量無邊佛智慧樂，令其遊戲。」

舍利弗！如來復作是念：「若我但以神力及智慧力，捨於方便，為諸眾生讚如來知見、力無所畏者，眾生不能以是得度。所以者何？是諸眾生，未免生老病死、憂悲苦惱，而為

其生死苦難，給與他們無量無邊的佛智慧，使其在佛智慧的美妙境界中歡樂遊戲。」

舍利弗！如來世尊接著又這樣想：「**如果我不假各種方便法門，僅僅以佛的神通力和智慧力直接為眾生讚嘆如來世尊的知見、十種智力、四種無畏，那麼，眾生是不會因此而得到度脫的。**為什麼呢？因為這些眾生尚未免除生、老、病、死及憂悲苦惱等各種痛苦，像長者幼子一樣無知不化，沉淪

三界火宅所燒；何由能解佛之智慧？」

舍利弗！如彼長者，雖復身手有力而不用之，但以慇懃方便勉濟諸子火宅之難，然後各與珍寶大車。如來亦復如是，雖有力、無所畏而不用之，但以智慧方便，於三界火宅拔濟眾生，為說三乘——聲聞、辟支佛、佛乘，而作是言：「汝等莫得樂住三界火宅，勿貪麁弊色聲香味觸也。若貪著生愛，則為所燒。汝速出三界，當得三乘——聲聞、辟支佛、佛乘。

於三界火宅之中慘遭烘燒，他們怎能理解佛的微妙智慧呢？」

舍利弗！就像那位長者一樣，他雖然身手有力，但卻不同，只是以其方便權巧之法，盡力救度諸子免於火宅焚燒之難，然後再給每個人珍寶大車，如來世尊也是如此，**他雖然有十種智力和四種無畏，但也不用，他以其智慧支配的各種方便之法，在三界火宅之中救度眾生，為他們分別講說三乘法，即聲聞乘、辟支佛乘、佛乘**，對他們說：「你們切莫樂居三界火宅之中，切莫貪著於粗俗破敝的色相、音聲、香氣、味道、觸覺等五欲之境。如果貪戀外境，愛欲不斷，那就會被慾火焚燒。**你們這些人應當趕快離開三界火宅，到時，你們都會得到三乘，即聲聞乘、辟支佛乘、佛乘**。我今天為你們我今為汝保任此事，終不虛也。汝等但當勤修精進。」

舍利弗！如彼長者，初以三車誘引諸子，然後但與大車，寶物莊嚴，安隱第一；然彼長者無虛妄之咎。如來亦復如是，無有虛妄，初說三乘引導眾生，然後但以大乘而度脫之。何以故？如來有無量智慧、力、無所畏諸法之藏，能與一切眾生大乘之法，但不盡能受。舍利弗！以是因緣，當知諸佛方便力故，於一佛乘分別說三。

擔保，若依法修行，必能成佛，絕非虛妄，你們只管精勤修行吧。」

舍利弗！如來世尊與那位長者一樣。那位長者最初以三種車引誘諸子出離火宅，可是後來卻只給他們大車，一種用各種寶物盡情裝飾、安穩舒適、最為微妙的大車。這位長者如此作法毫無虛妄的過錯。如來世尊也是這樣作為，也是沒有虛妄可言的。佛初說三乘之法引導眾生，然後只用大乘度脫眾生。為什麼呢？如來世尊有無盡的智慧、十力、四無畏等佛法寶藏，能施與一切眾生大乘之法，可是，眾生一開始是不能完全接受的。舍利弗！由於這種緣故，你該明白**諸佛才用其方便之力，在這唯一的佛乘法上，分別說聲聞、緣覺、菩薩等三乘之法。**

信解品第四

長者窮子喻

佛喻為大慈悲的長者，三乘譬喻為窮子，
說明於一乘道，隨宜說三。

【釋題】

「信」，是聞大乘不可思議的妙法而不疑；「解」，是領悟大乘不可思議的妙法，來修行這個行門，所以叫〈信解品〉。

【要義】

〈信解品第四〉，旨在於增強眾生之信念。涉及到的人物主要是須菩提、摩訶迦旃延、大迦葉、目犍連，是中根器的四位上首弟子，因為前面三品開示而深信解悟，共同對佛陀說法的回應。在此「長者窮子」譬喻中，二乘人雖然很高興遇著大乘的佛法了，但是還認為自己是個小乘人。這四位上首弟子就在〈信解品〉中，表達出願意發大乘心，對大乘法開始深信理解了。所以佛陀就開始要為他們授記。

爾時摩訶迦葉欲重宣此義，而說偈言：

「我等今日，聞佛音教，
歡喜踴躍，得未曾有。
佛說聲聞，當得作佛，
無上寶聚，不求自得。
譬如童子，幼稚無識，
捨父逃逝，遠到他土，
周流諸國，五十餘年。
其父憂念，四方推求，
求之既疲，頓止一城，
造立舍宅，五欲自娛。
其家巨富，多諸金銀、

這時，摩訶迦葉欲重宣其義，便又以偈語形式說道：

「我等今日聽聞佛音言教，無不歡喜得前所未有。佛今天說聲聞弟子也將成佛，這真是無上妙寶不求自得。譬如有一童子，幼稚無知，捨父而去遠走他鄉，漂泊到其他國家，流浪了五十餘年。其父憂傷不已，深念兒子，於是奔走四方，到處尋求。可一直未能找見，加之多年奔波勞累，已疲憊不堪，於是便在某一城中居住了下來，在此建造舍宅，五欲（色欲、聲欲、香欲、味欲、觸欲）自娛。慢慢地家業興盛，成為一個豪富之家，擁有許多金銀、硨磲、瑪瑙、珍珠、琉璃、象、馬、牛、羊以及各種車乘和大量田產、童僕、傭工。出入的車璩馬腦、真珠琉璃；
象馬牛羊、輦輿車乘；
田業僮僕、人民眾多。
出入息利，乃遍他國，
商估賈人、無處不有。
千萬億眾，圍繞恭敬，
群臣豪族，皆共宗重。
以諸緣故，往來者眾，
豪富如是，有大力勢。
而年朽邁，益憂念子，
夙夜惟念，死時將至。
癡子捨我，五十餘年，
庫藏諸物，當如之何？

息利遍布各國，跑生意的無處不有。如此一來，這位父親威勢日高，受到了億萬人的追隨和敬仰，並經常受到國王的愛護和眷念，百官群臣和所有的豪門望族，都一致尊重於他。因此，經常來往的人極多。由此可見這位豪富是如此地有權有勢。可是，隨著年紀的日益朽邁，他愈來愈憂傷地思念自己的兒子。他早晚都在想，那位愚痴的兒子離開我而去五十餘年了，如今我死期不遠，庫藏的大量財物該由誰來繼承呢？

爾時窮子，求索衣食，
從邑至邑、從國至國。
或有所得，或無所得，
飢餓羸瘦，體生瘡癬。
漸次經歷，到父住城，
傭賃展轉，遂至父舍。
爾時長者，於其門內，
施大寶帳，處師子座；
眷屬圍遶，諸人侍衛，
或有計算，金銀寶物，
出內財產，注記券疏。
窮子見父，豪貴尊嚴，
謂是國王，若是王等。

恰好就在這時，那位兒子為生活所迫，到處求衣乞食，穿州過縣，往來各國，有時有所得，有時無所得，經常忍飢挨餓，身體日漸消瘦，身上也長滿了瘡癬。這位窮子到處漂泊，不覺來到父親所居住的城市。他輾轉受僱作工，從而到了其父的舍宅。這時，那位長者在其門內掛著大寶帳，坐在師子座上，眷屬環繞周圍，僕人侍衛兩旁，有的人還在統計核算金銀寶物，並對出入財產進行登記註冊等。窮子看見他父親如此豪貴尊嚴，認為他是國王或者與國王相當的人。他感到驚慌恐懼，責怪自己為何來到這個地方。他接著又想：『我如果長久待在這裡，就有可能受到他們的逼迫，強橫驅使我作活，為難於我。』想到這裡，他立即拔腳跑去，另

驚怖自怪，何故至此。覆自念言：『我若久住，或見逼迫，強驅使作。』思惟是已，馳走而去，借問貧里，欲往傭作。長者是時，在師子座，遙見其子，默而識之。即勅使者，追捉將來。窮子驚喚，迷悶躄地：『是人執我，必當見殺，何用衣食，使我至此？』長者知子，愚癡狹劣，不信我言，不信是父。

外打聽貧窮人家，想在那裡受僱作工。這時，長者在師子座在遠遠看見他的兒子，默然無語，便一眼認出。他立即命使者將兒子追回。窮子見有人追捕，便驚惶失措地大聲呼喚：『此人抓我，必定要被他殺害，我怎麼會因為尋衣求食而來到這個地方。』遂即昏倒在地。

那位長者知道自己的兒子愚痴低劣，是不會相信他的話，也不會相信他是自己的父親的，所

即以方便，更遣餘人，
眇目矬陋，無威德者：
『汝可語之，云當相雇，
除諸糞穢，倍與汝價。』
窮子聞之，歡喜隨來，
為除糞穢，淨諸房舍。
長者於牖，常見其子，
念子愚劣，樂為鄙事。
於是長者，著弊垢衣，
執除糞器，往到子所，
方便附近，語令勤作：
『既益汝價，並塗足油，
飲食充足，薦席厚煖。』

以，他沒有直說，而是以權宜之法，另外派遣獨眼、低矮、相貌醜陋、又無氣質的人：『你們可以傳話給其子說，願雇他掃除糞便，將加倍付給工錢。』窮子一聽，便高高興興地隨同他們來了，從此，就在其父家中從事清除糞便、打掃房舍等骯髒而低賤的工作。此後，長者時常從窗戶之中看見自己的兒子，心想自己的兒子真是愚痴低俗，竟然樂於做這種卑微的工作。有一天，長者穿上破舊油污的衣服，手持除糞器具，這種方便權巧之策，來到兒子工作的地方。使他得以接近兒子。他告訴兒子：『要勤快勞作。』並增加了他的工錢，滿足他的飲食，為他的臥床鋪上優質蘆席和厚實而暖和的被褥。就這樣，長者苦言相勸，要他一定要振作起

如是苦言：『汝當勤作。』
又以軟語：『若如我子。』
長者有智，漸令入出，
經二十年，執作家事。
示其金銀、真珠頗梨；
諸物出入，皆使令知。
猶處門外，止宿草庵，
自念貧事：『我無此物。』」

父知子心，漸已廣大，
欲與財物。即聚親族、
國王大臣、剎利居士。
於此大眾，說是我子，

來，勤奮工作。另外，長者還以柔和的語調安慰他，說：『以後將視同自己的兒子一樣。』這位長者是有智慧的，他逐漸引導兒子，讓他自由出入，在長達二十年的家務勞作過程中，長者逐漸將金銀、珍珠、玻璃等各種財物的支出、收入等情況全告知自己的兒子。不過，兒子並不知道父親良苦用心，他仍然將自已視為外人，一直住在門外的草庵之中，他心中想：『我只盤算些貧窮低微的事項，這樣多的無量財寶，都非我所有。』」

二十年的權宜教誨，父親發現兒了的心境漸漸開闊，就準備將財物轉賜給他。於是，他將親族、國王、大臣、武士、居士等各方面人士全都召集到一起，對他們宣布，這位男子是我親生兒子。過去捨我他行，經五十歲。
自見子來，已二十年。
昔於某城，而失是子，
周行求索，遂來至此。
凡我所有，舍宅人民，
悉以付之，恣其所用。
子念昔貧，志意下劣，
今於父所，大獲珍寶，
並及舍宅、一切財物。
甚大歡喜，得未曾有。
佛亦如是，知我樂小，
未曾說言：「汝等作佛。」
而說我等，得諸無漏，

他離我而去長達五十年，自從我重新見到他以來，也已二十年了。當年在某城時，我丟失了這個兒子，後來我到處尋找，從而來到這裡。如今，我要將所有的房宅和傭工僕役全轉交給他，由他隨便使用。這位兒子頭腦中所想的本來只是昔日貧窮的日子，對父親這樣高貴的生活從不敢奢望。今天忽然在父親這裡獲得大量的珍寶和豪華的宅院以及其他所有的財產，窮子頓時驚喜萬分，嘆之為未有的樂事。

釋迦牟尼佛也同那位長者一樣，知道我們只喜歡小乘之法，所以未曾說：「你們也可以成佛。」而只是說我們可以斷盡煩惱，獲得清淨自在，從而成就小乘，聲聞弟子。
佛勅我等，說最上道，
修習此者，當得成佛。
我承佛教，為大菩薩，
以諸因緣、種種譬喻、
若干言辭，說無上道。
諸佛子等、從我聞法，
日夜思惟，精勤修習。
是時諸佛，即授其記：
「汝於來世，當得作佛。」
一切諸佛，祕藏之法，
但為菩薩，演其實事，
而不為我，說斯真要。

成為小乘聲聞弟子。佛曾令我們為眾生宣講至高無上的佛道之法，並說凡修習這種無上道者，都可成佛。我們遵照佛的教誨，以各種因緣、譬喻和言辭，為大菩薩們講說無上佛道。佛弟子從我們這裡聽聞佛法之後，日夜思索，精勤修習，這樣，諸佛便為他們授記說：「你於來世，當可作佛。」三世十方一切佛的秘藏之法，都只為大乘菩薩敷演其如實妙道，並非為我們這些二乘人說其真實至要之道。好像那位窮子，雖然能夠接近他的父親，並由此知道父親的家業，卻認為並非自己所該慕求的。我們雖然在講說佛法寶藏，但我們本身卻沒有追求這種寶藏的志願，也正如那位窮子一樣。**我們得入小法偏空有餘涅槃，便自我滿足，所以只了結了此事，**

如彼窮子、得近其父，
雖知諸物，心不希取。
我等雖說，佛法寶藏，
自無志願，亦復如是。
我等內滅，自謂為足，
唯了此事，更無餘事。
我等若聞，淨佛國土，
教化眾生，都無欣樂。
所以者何？一切諸法，
皆悉空寂，無生無滅，
無大無小，無漏無為。
如是思惟，不生喜樂。
我等長夜，於佛智慧，

便再不想其他的了。我們如果聽到莊嚴清淨佛國世界、教化普度一切眾生等大乘菩薩修行，都不感興趣。為什麼呢？因為我們總以為，一切法皆悉空寂，無生無滅，無大無小，所以也無所畏煩惱，無所畏造作變遷。基於這種考慮，我們對大乘菩薩行並不喜愛。我們這些人長期以來，對於佛的無上智慧，無貪無著，也無志向和願望。我們認為自己所修習的佛法已是最圓滿的了，所以，我們於漫漫長夜之中，勤勉不息地修習空法，從而脫離了三界苦惱之患，如今只留下這最後一次輪迴果報之身，從而證入有餘涅槃。佛所教化的道法是真實不虛的，我們證得這種道法，就算是報佛之恩。我們雖為佛弟子們說大乘菩薩法門，教導他們求證佛道，但我

無貪無著，無復志願；
而自於法，謂是究竟。
我等長夜，修習空法，
得脫三界，苦惱之患，
住最後身、有餘涅槃。
佛所教化，得道不虛，
則為已得，報佛之恩。
我等雖為，諸佛子等，
說菩薩法，以求佛道；
而於是法，永無願樂。
導師見捨，觀我心故，
初不勸進，說有實利。
如富長者，知子志劣，

們自己卻對這種法並無求道心，**世尊看透了我們的心思，所以暫捨大法，先不鼓勵我們修行可成佛果的菩薩道，只說那些有現實好處的小乘之法。**好比那位富裕的長者，他知道兒子志向低劣，所以先以方便權宜之法柔順調伏其畏避之心，然後才付給他一切財物。佛也是如此，他示現世間稀有之事，但卻一眼看透眾生喜歡小法的心境，所以，佛便通過方便權巧法門，慢慢調伏其心，然後才教其大智大慧，令入無上佛道。

以方便力，柔伏其心，
然後乃付，一切財物。
佛亦如是，現希有事，
知樂小者，以方便力，
調伏其心，乃教大智。
諸佛希有，無量無邊，
不可思議，大神通力，
無漏無為，諸法之王。
能為下劣，忍於斯事，
取相凡夫，隨宜為說。
諸佛於法，得最自在，
知諸眾生，種種欲樂，
及其志力。隨所堪任，

諸佛之法稀有難得，是無量無邊的深廣，不可思議的神通之力。諸佛清淨聖潔，是各種妙法之王，他能為下劣眾生暫時捨去這種無上道法，能為執著於事事物物外相的凡夫俗子們，隨宜說法，應機教化。諸佛對於自己的道法通達無礙，任運自如，他知道眾生的種種欲樂及其志向大小，所以便根據眾生所能接受的程度，以無量種譬喻，為眾生開示佛法。諸佛知道眾生世宿世種下的善根，也知

以無量喻，而為說法。
隨諸眾生，宿世善根，
又知成熟、未成熟者，
種種籌量，分別知已，
於一乘道、隨宜說三。

道哪些業已成熟，哪些尚未成熟。分別得知各種情況之後，**諸佛便於一乘佛道之中，隨眾生之機宜開示了三乘之法。**

藥草喻品第五

藥草喻

佛的教法只有一佛乘，
但隨著眾生根機的大小不同，
會得到深淺不同的法益，
如三草二木，一雨普潤。

【釋題】

「藥」是醫病的藥材；「草」是草木，也譬喻三乘的眾生。藥能治人的病，但是要對症下藥，才能治病；如果不對症，不但不能治病，而且還會增加這個病。所以佛陀在這一品，是以藥草來作譬喻，醫治眾生身心二病。

【要義】

世尊認可了迦葉等弟子的信解，又為他們解說了「三草二木」的譬喻。人天、二乘譬「三草」；上、下根的菩薩譬「二木」。佛說法因根性而有三乘之別，最終是一佛乘。「三草二木」譬喻眾生的多樣性。同時也由此顯現佛的慈悲是完全平等、無差別的；但這並非表示眾生無差異，而是佛對眾生無差別。

迦葉！譬如三千大千世界，山川谿谷土地所生卉木叢林及諸藥草，種類若干，名色各異。密雲彌布，遍覆三千大千世界，一時等澍，其澤普洽。卉木叢林及諸藥草，小根小莖、小枝小葉，中根中莖、中枝中葉，大根大莖、大枝大葉，諸樹大小，隨上中下各有所受。一雲所雨，稱其種性而得生長華菓敷實。雖一地所生，一雨所潤，而諸草木，各有差別。

如來說法，一相一味——

迦葉！譬如在大千世界之中，山川、河谷、大地所生長的卉木叢及各種藥草，名稱各異，顏色不同，種類繁多。在它們的上面，密雲彌布，遮蓋了整個大千世界。一時間，大雨齊下，雨水平等均勻地滋潤到大地的每一個角落。但大地上所生長的卉木叢林和諸種藥草卻根據其根、莖、葉的大、中、小不同，而各自接受其所得的一份。**雖是一雲所降的雨，但各自都依其不同的品種特性而得以生長、開花、結果。所以，雖然同為一地所生，一雨所潤，而這些花草樹木卻是各不相同的。**

如來世尊說法的最終是一相一味。一相即真如

所謂：解脫相、離相、滅相，究竟至於一切種智。其有眾生聞如來法，若持讀誦，如說修行，所得功德，不自覺知。所以者何？唯有如來知此眾生種相體性，念何事、思何事、修何事，云何念、云何思、云何修，以何法念、以何法思、以何法修，以何法得何法。眾生住於種種之地，唯有如來如實見之，明了無礙。如彼卉木叢林諸藥草等，而不自知上中下性。如來知是一相一味之

實相，即解脫了生死繫縛的解脫相、遠離空有二邊的離相、滅了苦因苦果的寂滅相。一味即五乘方便，最終歸於無所不知的佛智。如果有眾生聽聞如來世尊法後，受持、讀誦，依法修行，他由此所得的功德，自己是很難覺知的。為什麼呢？因為只有如來世尊才知道此人所種的不同種子和此人的內部本質屬性，知道他憶念何事、思惟何事，修行何事；知道他以何法憶念、以何法思惟、以何法修行；知道他習什麼法並由此而得什麼法。眾生處於種種境界，**唯有如來世尊可以如實得見，明了無礙，好比花木藥草並不知道自己的上、中、下品性。**如來世尊知道這種**唯一實相、唯一佛智**之法，所謂**解脫相、離一切相、寂滅相、徹底涅槃相，終歸於**

法——所謂：解脫相、離相、滅相——究竟涅槃常寂滅相，終歸於空。佛知是已，觀眾生心欲而將護之，是故不即為說一切種智。汝等，迦葉！甚為希有，能知如來隨宜說法，能信能受。所以者何？諸佛世尊隨宜說法，難解難知。

迦葉當知！譬如大雲，
起於世間，遍覆一切；
慧雲含潤，電光晃曜，
雷聲遠震，令眾悅豫。
日光掩蔽，地上清涼，

至極之理的第一義空。佛了知這種妙理後，又觀察到眾生內心的各種慾念，所以，為了保護無上妙法不為這些心性尚淺的眾生誹謗，佛一開始並不急於為眾生講說至高無上的佛智。迦葉啊！你們這些人真是少有，能知如來隨眾生之機宜和根性而為之說法，所以也能相信如來的法，能受持如來的法。為什麼這麼說呢？因為諸佛隨宜說法，是難解而難知的。

迦葉！你應當知道，譬如世間出現密雲、覆蓋了整個大地，這種象徵智慧的密雲，飽含著雨霖，電光閃爍，雷聲遠震，一場滋潤大地的瑞雨即將來臨，眾生心中無不喜悅。此時，日光掩蔽於密雲之中，大地一片清涼，濃雲低垂，似乎舉手可及。

靉靆垂布、如可承攬。
其雨普等，四方俱下，
流澍無量，率土充洽。
山川險谷、幽邃所生，
卉木藥草，大小諸樹，
百穀苗稼，甘蔗蒲萄，
雨之所潤，無不豐足，
乾地普洽，藥木竝茂。
其雲所出，一味之水，
草木叢林，隨分受潤。
一切諸樹，上中下等，
稱其大小，各得生長，
根莖枝葉，華菓光色，

一時間，瑞雨均匀地降落到四面八方。此雨取之不盡，流注無量，整個大地無不滋潤。恬不知那些生長在山川險谷以及黑暗隱蔽之地的花木藥草、大小諸樹、穀物作物的幼苗、甘蔗葡萄等無不充分而透徹地享受到這場瑞雨的滋潤。乾旱的大地一片濕潤，藥草樹木並茂並盛。這片密雲所出之雨水是同一無二的味之水，所有的草木叢林各依其本份接受滋潤。一切樹木分為上、中、下三等，各依其大小而得到生長。**草木的根、莖、枝、葉、花果的五光十色，皆因同一雨水的澆灌而得到鮮嫩或光澤。花草樹木的體相有的大小不同，所以，雖然是一雨所潤，但各自卻獲得了不同程度的生長或茂盛。**

一雨所及，皆得鮮澤。
如其體相，性分大小，
所潤是一，而各滋茂。
佛平等說，如一味雨；
隨眾生性，所受不同，
如彼草木，所稟各異。
佛以此喻，方便開示，
種種言辭，演說一法，
於佛智慧，如海一渧。
我雨法雨，充滿世間，
一味之法，隨力修行。
如彼叢林，藥草諸樹，
隨其大小，漸增茂好。

如來世尊平等說法，好似一雲所下的一味之雨，眾生各依其根基大小而接受不同的程度，就像那些藥草樹木一樣，同得滋潤而所受各異。如來世尊以此為喻，進行權巧開示，以種種言辭演說一乘妙法，這在佛的無量智慧當中，猶如滄海之一粟。

我施的法雨充滿世間的各個角落，此法雨即一乘妙法，眾生根據其各自的接受能力而進行不同層次的修行，如同藥草樹木各隨其大小而接受不同的雨量，從而各自逐漸生長壯大。

諸佛之法，常以一味，
令諸世間，普得具足，
漸次修行，皆得道果。
聲聞緣覺，處於山林，
住最後身，聞法得果，
是名藥草，各得增長。
若諸菩薩，智慧堅固，
了達三界，求最上乘，
是名小樹，而得增長。
復有住禪，得神通力，
聞諸法空，心大歡喜，
放無數光，度諸眾生，
是名大樹，而得增長。

授記品第六

佛陀為四大弟子授記

四大聲聞已理解一佛乘，
得佛授記，未來成佛。

【釋題】

「授記」，印度話叫「和伽羅」，是佛對發心修行的眾生，授與將來必當成佛的一種「記別」（預告）。「授記」又叫「授決」。「授」，即「授予」之義，「記」，即「決定」之義。佛授予行人當來決定成佛的預言，預先告訴你將來在什麼時候，在什麼國土成佛，叫什麼名號，你的國土有什麼特色，佛壽命有多長，法住世有多久等等。

【要義】

佛陀為迦葉、目犍連、須菩提、迦旃延等四個弟子授記，由於這四大聲聞已能正確理解一佛乘，於是得到世尊授以當來成佛之記。

爾時世尊欲重宣此義，而說偈言：

「諸比丘眾，今告汝等，皆當一心，聽我所說：我大弟子，須菩提者，當得作佛，號曰名相。當供無數，萬億諸佛，隨佛所行，漸具大道。最後身得，三十二相，端正姝妙，猶如寶山。其佛國土，嚴淨第一，眾生見者，無不愛樂，佛於其中，度無量眾。其佛法中，多諸菩薩，皆悉利根，轉不退輪，彼國常以，菩薩莊嚴。諸聲聞

諸位比丘，你們都應專心一意聽我說，現在我向你們宣告：「我的大弟子須菩提未來將會作佛，號為名相如來。他在未來世中，將供養無數萬億個佛，並隨佛修行，常行佛行，常修佛修，從而逐漸達到成佛的大道，終於在其最後一次輪迴果報身時，得道成佛，具足了如來世尊的三十二種非凡相貌，猶如寶山一樣端正而殊妙。該佛國土，莊嚴清淨，名列第一，眾生見了，沒有不喜歡的。名相佛在其國中說法教化，將救度無量無數的眾生。那裡菩薩很多，個個聰明伶俐，人人轉不退之法輪，說法普度眾生，所以，該國總是由菩薩來進行莊嚴的。本佛國的聲聞大眾多得不可計數，他們都獲得了悉知過去、未來和斷盡煩惱的三種明達和天眼、

眾，不可稱數，皆得三明，具六神通，住八解脫，有大威德。其佛說法，現於無量，神通變化，不可思議。諸天人民，數如恒沙，皆共合掌，聽受佛語。

其佛當壽，十二小劫，正法住世，二十小劫，像法亦住，二十小劫。」

爾時世尊復告諸比丘眾：「我今語汝，是大迦旃延，於當來世，以諸供具，供養奉事八千億佛，恭敬尊重。諸佛滅後，各起塔廟，高千由旬，縱

天耳、他心、宿命、神足、漏盡等六種神通，同時還證得了八種解脫，具有很大的威德，該佛說法時，能顯現出無量種不可思議的神通變化。如恆河沙數之多的天眾和人民，都雙手合十，一心聽受佛的教誨。名相佛壽命達十二小劫。佛滅後正法住世二十小劫。正法之後，像法住世也二十小劫。」

這時，世尊又對諸比丘宣告說：「我現在告訴你們，這位大迦旃延於未來世將用各種供養侍奉八千億佛，個個都盡情恭敬，至誠尊重。這些佛逝世後，大迦旃延都為其建起高一千由旬（長度單位，約七、八公里）、橫豎長寬各五百由旬的佛舍

廣正等五百由旬，皆以金、銀、琉璃、車璩，馬瑙、真珠、玫瑰、七寶合成，眾華、瓔珞、塗香、末香、燒香、繒蓋、幢幡，供養塔廟。過是已後，當復供養二萬億佛，亦復如是。供養是諸佛已，具菩薩道，當得作佛。號曰閻浮那提金光如來、應供、正遍知、明行足、善逝、世間解、無上士、調御丈夫、天人師、佛、世尊。其土平正，頗梨為地，寶樹莊嚴，黃金為繩以界道側，妙華覆

利塔。這些佛塔皆用黃金、白銀、琉璃、硨磲、瑪瑙、珍珠、玫瑰等七寶砌合而成，並以各種鮮花、瓔珞、泥香、末香、燒香以及用絲綢作成的寶蓋、幢、幡等進行供養。在此之後，大迦旃延還將供養二萬億佛，其過程也和供養前面的諸佛一樣。供養這些佛之後，大迦旃延將具足菩薩之道，最終證果成佛，名號為閻浮那提金光如來，並具足十號，應供、正遍知、明行足、善逝、世間解、無上士、調御丈夫、天人師、佛、世尊。該佛國內，土地平正，玻璃為地，寶樹莊嚴，黃金為繩欄於道旁，更以妙花蓋地，一片清淨，眾生見到這種莊嚴景象，無不歡欣鼓舞。此佛國中，沒有四種惡道，即地獄、餓鬼、畜生、阿修羅，但有無量的天神和人類，尤其

地，周遍清淨，見者歡喜。無四惡道——地獄、餓鬼、畜生、阿修羅道，多有天、人、諸聲聞眾及諸菩薩，無量萬億莊嚴其國。佛壽十二小劫，正法住世二十小劫，像法亦住二十小劫。」

爾時世尊欲重宣此義，而說偈言：

「諸比丘眾、皆一心聽，
如我所說，真實無異。
是迦栴延，當以種種，
妙好供具，供養諸佛。

是聲聞眾和菩薩眾更是無量萬億之多，都在莊嚴著這個佛國世界。佛的壽量是十二小劫。佛滅度後，正法住世二十小劫，像法也住世二十小劫。」

這時，世尊欲重宣此言，便說偈道：

「諸位比丘，你們都專心聽著，我所說的都是真實不虛、恆常不變的。這位迦旃延弟子將在未來世中，以各種各樣美妙的供具供養大量的如來世尊，這些佛滅度後，他分別建造七寶塔，並以各種花香供養諸佛真身舍利，終於在其最後一世中，獲

諸佛滅後，起七寶塔，
亦以華香，供養舍利。
其最後身，得佛智慧，
成等正覺。國土清淨，
度脫無量，萬億眾生，
皆為十方，之所供養。
佛之光明，無能勝者。
其佛號曰，閻浮金光。
菩薩聲聞，斷一切有，
無量無數，莊嚴其國。」

爾時世尊復告大眾：「我今語汝，是大目犍連，當以種種供具供養八千諸佛，恭敬尊

得佛的智慧，證悟了無上聖智，從而即身成佛。該佛國土地清淨，經佛度脫的眾生有無量億萬之多，所以該佛受到十方一切眾生的虔誠供養，佛的智慧光明，殊勝無比，能戰勝一切，故其名號為閻浮金光。佛國內有無量無數的菩薩和聲聞大眾，他們都已經斷除了對一切外相的執著，通過各種清淨的修行莊嚴這個偉大的佛國世界。」

這時，釋迦牟尼佛又向大家宣告說：「我現在告訴你們，這位大目犍連弟子將在未來世中，用各種供具來供養八千位如來世尊，悉皆盡心恭敬，虔

重。諸佛滅後，各起塔廟，高千由旬，縱廣正等五百由旬，皆以金、銀、琉璃、車璩、馬瑙、真珠、玫瑰、七寶合成，眾華、瓔珞、塗香、末香、燒香、繒蓋、幢幡，以用供養。過是已後，當復供養二百萬億諸佛，亦復如是。當得成佛，號曰多摩羅跋栴檀香如來、應供、正遍知、明行足、善逝、世間解、無上士、調御丈夫、天人師、佛、世尊。劫名喜滿，國名意樂。其土平正，頗梨為

誠尊重，這些佛滅度之後，大目犍將為他們各建塔廟。這些塔廟，高一千由旬，長寬相同，皆五百由旬，全由黃金、白銀、琉璃、硨磲、瑪瑙、珍珠、玫瑰等七寶砌合而成。塔廟中還以各種花朵、瓔珞、泥香、末香、燒香以及絲綢作的寶蓋、幢、幡等進行供養。在此之後，大目犍連還將再供養二百萬億諸佛，其具體經過與前相同。至此，大目犍連將證果成佛，名號為多摩羅跋栴檀香如來，同時具足十號，應供、正遍知、明行足、善逝、世間解、無上士、調御丈夫、天人師、佛、世尊。當時劫名叫喜滿，國名叫意樂。國內土地平正，琉璃為地，寶樹莊嚴，珍珠之花空中飄散，到處都非常清淨，誰看見了都會滿心歡喜，流連忘返。這裡，天神和

地，寶樹莊嚴，散真珠華，周遍清淨，見者歡喜。多諸天、人、菩薩、聲聞，其數無量。佛壽二十四小劫，正法住世四十小劫，像法亦住四十小劫。」

人類很多，菩薩、聲聞二聖更是無量無數。此佛壽量為二十四小劫。佛滅度後，正法住世四十小劫，像法住世也長達四十小劫。」

化城喻品第七

化城喻

三乘之果不外是化城，

目的是為入佛智慧、最終成佛。

【釋題】

「化」，自有化無、自無化有，自無化有、自有化無。「城」，是一個大的城市。「喻」就是個比喻。「化」是從幻化而來並不是實有的。它從佛神變而有的。佛所說的「化城」本來是不存在的，如今卻能化現出來，故此品名為「化城喻品」。

【要義】

本品以「化城」喻佛先以三乘化導眾生，待其根熟，再以一乘教法使其邁向菩提大道。此座城是虛妄不實的，故名為化城，是佛所變化出來的，要二乘人發大心，遠離現證一切相。佛示現這個方便法門來救度眾生，故此說二乘人的方便法門，都不是真實，大乘一實法門才是究竟的目的地。

佛告諸比丘：「乃往過去無量無邊不可思議阿僧祇劫，爾時有佛，名大通智勝如來、應供、正遍知、明行足、善逝、世間解、無上士、調御丈夫、天人師、佛、世尊。其國名好成，劫名大相。諸比丘！彼佛滅度已來，甚大久遠，譬如三千大千世界所有地種，假使有人磨以為墨，過於東方千國土乃下一點，大如微塵，又過千國土復下一點，如是展轉盡地種墨。於汝等意云何？是諸

釋迦牟尼佛告訴諸比丘說：「在過去無量無邊不可思議阿僧祇（表示時間的數量單位，意為不可計數的）劫，有一位名叫大通智勝的如來，具足佛的十號之德，即：應供、正遍知、明行足、善逝、世間解、無上士、調御丈夫、天人師、佛、世尊。當時的國名叫『好城』，劫名叫『大相』。諸位比丘！此佛自從進入不生不滅的涅槃境界以來，時間已經很久遠了。譬如有人將此三千大千世界的所有國土，磨成的寫字用的墨汁，從東方開始，經過一千個國土時，灑下一點如微塵大小的墨汁；再過一千個國土，又灑下一點墨汁。按照這樣的方式，灑盡所有的墨汁，直到把所磨的地種墨水滴盡為止。如此說來，你們認為這國土多不多呢？無論讓

國土，若算師，若算師弟子，能得邊際，知其數不？」「不也，世尊！」「諸比丘！是人所經國土，若點不點，盡末為塵，一塵一劫；彼佛滅度已來，復過是數無量無邊百千萬億阿僧祇劫。我以如來知見力故，觀彼久遠，猶若今日。」

時世尊欲重宣此義，而說偈言：

「我念過去世，無量無邊劫，

專教數學的算術師或算術師的弟子們，他們能算到盡頭得知其數嗎？」所有比丘都答說：「不可能，世尊。」佛接著又說：「諸比丘，如果把此人經過的國土，包括灑上墨點的和沒有灑上墨點的，都全部再磨為微粒之塵，一塵算作一劫，那麼，此佛自從滅並以來所經過的劫數，要比這個劫數多出無量無邊百千萬億阿僧祇劫。由於我具有如來特有的無礙知見之力的緣故，所以，在我看來，**觀察過去現在未來之久遠劫，猶如觀察今天一般。**」

這時，釋迦牟尼佛欲複述其義，便誦偈道：

「我想起在過去世無量無邊劫的時候，有位福、慧具足的佛，名叫大通智勝。假如有人竭盡全有佛兩足尊，名大通智勝。
如人以力磨，三千大千土，
盡此諸地種，皆悉以為墨。
過於千國土，乃下一塵點，
如是展轉點，盡此諸塵墨。
如是諸國土，點與不點等，
復盡末為塵，一塵為一劫。
此諸微塵數，其劫復過是，
彼佛滅度來，如是無量劫。
如來無礙智，知彼佛滅度，
及聲聞菩薩，如見今滅度。
諸比丘當知！佛智淨微妙，

力將此大千世界所有國土全都磨成墨汁，然後過一千個國土，灑一點墨汁。如此，將所有的墨汁全部灑完，一點墨汁即一千個國土。再這所有的國土包括點上墨汁的和未點上墨汁的，全都磨成微塵，一塵算作一劫。大通智勝如來滅度以來所經過的劫數比此劫數還多。我釋迦牟尼佛具足圓融無礙的智慧，悉知大通智勝佛及聲聞、菩薩久遠劫前的滅度如同今日滅度一樣。諸位比丘，你們應當知道，**佛的智慧是清淨微妙，無漏無礙的，它可以通達無量數劫。**」

無漏無所礙，通達無量劫。」

佛於天人大眾之中說是法時，六百萬億那由他人，以不受一切法故，而於諸漏心得解脫，皆得深妙禪定，三明、六通，具八解脫。第二、第三、第四說法時，千萬億恒河沙那由他等眾生，亦以不受一切法故，而於諸漏心得解脫。從是已後，諸聲聞眾無量無邊不可稱數。

大通智勝佛為天神和人類講此法時，有六百萬億那由他的人均聞法開悟，而於世間諸漏見思惑中，解脫了內心深處貪、瞋、痴等煩惱的束縛，證得了甚深微妙的禪定和三種明達、六種神通，還具足八種解脫。第二、第三、第四次說法時，又有億萬恆河沙那由他眾生聞法開悟，他們也捨棄了一切惡法，解脫了內心各種煩惱的束縛。從此以後，從佛聞法而開悟的聲聞大眾，無量無邊，不計其數。

譬如險惡道，絕多毒獸，
又復無水草，人所怖畏處。
無數千萬眾，欲過此險道，
其路甚曠遠，經五百由旬。
時有一導師，強識有智慧，
明了心決定，在險濟眾難。
眾人皆疲惓，而白導師言：
「我等今頓乏，於此欲退還。」
導師作是念：「此輩甚可愍，
如何欲退還，而失大珍寶？」

譬如有一條通向寶藏之地的險惡之道，這條道上荒無人煙，毒蛇猛獸隨處出沒，又無一點水和一根草，是人人都十分恐懼的地方。這時，的成千上萬的眾生想走過這條險道。可是這段路途極其遙遠，長達五百由旬。當時有一位導師，見多識廣，很有智慧，明了一切事情的是非曲直，於是他決定在這條險道上救濟眾人所遇到的一切困難。走到中途，眾人都感到十分疲倦，便對這位導師說：「我們現在都勞頓無力，想從此再退回原地。」導師心想：「這些人真是可悲可憫，為什麼要退回去而失去那無價之寶呢？」於是，**導師立即以其方便神力，變化出一座規模龐大的城廓來**。在這座城中，房舍莊嚴輝煌，四周園林環繞，流水潺潺，浴池溫

尋時思方便，當設神通力，
化作大城郭，莊嚴諸舍宅，
周匝有園林，渠流及浴池，
重門高樓閣，男女皆充滿。
即作是化已，慰眾言勿懼：
「汝等入此城，各可隨所樂。」
諸人既入城，心皆大歡喜，
皆生安隱想，自謂已得度。
導師知息已，集眾而告言：
「汝等當前進，此是化城耳。

馨潔淨，城門重重高聳，樓閣富麗堂皇。男男女女遍布城中。導師化出這座虛幻的城市之後，便安慰大家說：「你們不要害怕，前面不是有座城嗎，你們進入城中，即可隨心所欲，各行其樂。」於是，眾人立即進入此城。等他們進城之後，個個心中充滿歡喜，無不感到安穩舒適。他們由此自認為已經度過艱險，獲得了解脫。那位導師知道眾人已得到充分休息，便召集大家說：「你們應當繼續向前走，這裡只不過是一座虛幻的化城而已。我見你們疲憊至極，想途中退回，因此，**我以方便神力，暫時顯化出這座城廓。如今，你們還應勤奮努力，不可鬆懈，如此即可到達寶藏之地。」**

我見汝疲極，中路欲退還，
故以方便力，權化作此城。
汝等勤精進，當共至寶所。」

我亦復如是，為一切導師。
見諸求道者，中路而懈廢，
不能度生死，煩惱諸險道。
故以方便力，為息說涅槃。
言：「汝等苦滅，所作皆已辦。」
既知到涅槃，皆得阿羅漢，
爾乃集大眾，為說真實法。
諸佛方便力，分別說三乘，

釋迦牟尼佛，也是如此。作為一切眾生的導師，我見求道的人修行到半途就覺太辛苦，生出懈怠之心，不想繼續修道，這樣，他們就不能度脫生死苦海和煩惱險道。所以才假設方便，為了讓眾生得到暫時的喘息，而為他們說小乘涅槃之法，告訴他們：「你們也可證到涅槃，解除眾苦，到那時，你們就算完成任務了。」等眾生證得有餘涅槃，得到阿修羅果位之後，佛又召集大眾，為他們演說真實的法門。**三世十方一切佛都是這樣，以其方便之**

唯有一佛乘，息處故說二。
今為汝說實，汝所得非滅，
為佛一切智，當發大精進。
汝證一切智，十力等佛法，
具三十二相，乃是真實滅。
諸佛之導師，為息說涅槃，
既知是息已，引入於佛慧。

力，分別演說聲聞、緣覺、菩薩三乘法門，但佛的教法歸根結底只有唯一的佛乘，只是為了眾生能在漫長的修行道上有所休息，所以才說出兩種不同的法門。今天，我為你們說出真實的情況，你們所得到的涅槃和果位，那僅是權宜，並不是真實的滅度。為了求證佛的一切智慧，你們還應當勇猛精進。當你們證得佛的一切大智大慧以及十力法等佛的法門、具足三十二種非凡的妙好身相後，那才算是最真實的滅度。總之，諸佛是一切眾生的導師，為了使眾生免除懈怠，在修行道上稍作休息，所以才說小乘的涅槃。得知眾生已得歇息之後，便為說一乘實法，引導他們證入佛的無上智慧。

五百弟子受記品第八

繫珠喻

五百弟子雖都懷有佛種，但由煩惱覆藏，
如衣裡藏有寶珠，但因不知，故處於窮困之境，
現在從佛聞法後，方知自己是菩薩。

【釋題】

前授記品，是如來授予弟子的記別；今五百弟子受記，是弟子承受如來授予的記別，所以前後授、受的字、義不同。本品本來是一千二百五十位弟子授記，現在只說出五百；這五百，已經包括一千二百五十個弟子。

【要義】

富樓那和五百阿羅漢得佛授記未來成佛。佛陀以「衣裡繫珠」的譬喻，教化聲聞弟子，今發一切智心，這五百羅漢表明自己過去已從佛聽聞《法華經》，已植佛種之事，皆已忘失，應該得到佛的智慧的，但都以小智慧為滿足。佛陀開權顯實以後，五百聲聞弟子已了然真為佛子，因此得佛授記，歡喜無量。

諸比丘諦聽！佛子所行道，
善學方便故，不可得思議。
知眾樂小法，而畏於大智，
是故諸菩薩，作聲聞緣覺，
以無數方便，化諸眾生類。
自說是聲聞，去佛道甚遠，
度脫無量眾，皆悉得成就，
雖小欲懈怠，漸當令作佛。
內祕菩薩行，外現是聲聞，
少欲厭生死，實自淨佛土。
示眾有三毒，又現邪見相，
我弟子如是，方便度眾生。
若我具足說，種種現化事，
眾生聞是者，心則懷疑惑。

諸位比丘，你們仔細聽著，佛弟子所行之道，微妙而不可心思言議，因為他善於學習佛的方便智慧。當他知道眾生喜歡小乘法而畏懼大乘法時，作為大乘菩薩的弟子們便甘心隱大示小，現出小乘聲聞、緣覺弟子的身分，以無數方便法門，化導一切眾生。他們自稱是小乘聲聞，離佛道相去甚遠，通過這種權巧之策而度脫了無量無數的眾生，使他們都成就了出世離苦之道。雖然這些樂小法的人總是想懈怠不前，中途退縮，但這些弟子們仍殷勤教誨，使他們再接再厲，逐漸趨向於佛之道。這種弟子內秘菩薩之行，外觀聲聞之相，他們看起來像個小乘聲聞弟子，清心寡欲，厭離生死世間，但他們內心卻志向遠大，信念堅定，他們以自己的實際行

今此富樓那，於昔千億佛，
勤修所行道，宣護諸佛法。
為求無上慧，而於諸佛所，
現居弟子上，多聞有智慧。
所說無所畏，能令眾歡喜，
未曾有疲惓，而以助佛事。

動莊嚴佛國，淨化佛土。他們在眾生面前故意表現出有貪慾、瞋恚、愚痴等三毒以及其他各種邪知謬見，但實際上，他們卻毫不染著，而是**通過這種方便之法，深入群生，隨類教化，因機說法，引導眾生趨於佛道**。我的弟子通過這種方便之法教化眾生的種種現化事跡，我今天如果全都說出來的話，眾生一聽，心中就會產生疑惑。

今天的這位富樓那弟子，曾在過去千億個佛那裡，勤修諸佛之道法，宣揚護持諸佛之法。為了追求至高無上的如來智慧，富樓那在過去諸佛那裡，現居於一切弟子之上，多聞強記，富有智慧。他辯才無礙，說法第一，什麼法都能講，能使聽者心生歡喜，聞法得悟。他始終不知疲倦地幫助諸佛弘

已度大神通，具四無礙智，
知諸根利鈍，常說清淨法。
演暢如是義，教諸千億眾，
令住大乘法，而自淨佛土。
未來亦供養，無量無數佛，
護助宣正法，亦自淨佛土。
常以諸方便，說法無所畏，
度不可計眾，成就一切智。

爾時五百阿羅漢，於佛前得受記已，歡喜踴躍，即從座起，到於佛前，頭面禮足，悔過自責：「世尊！我等常作是

揚佛法，教化眾生。他已度脫了生死，獲得巨大的神通，具足四種無礙之智，了知一切眾生的根性利鈍，常說清淨妙法，弘通清淨法義，教化億萬之眾，使他們都能安住於大乘法中，從而都自覺地莊嚴、清淨佛的國土。在未來世中，富樓那也將供養無量無數個佛，並外現劣相，應諸根機，護持、助宣佛的正法，自心清淨，莊嚴佛的國土。經常以各種方便善巧之法，說微妙無上的佛法而心無所畏，救度不可以數計的眾生，使他們都能成就一切智慧。

這時，五百羅漢在釋迦牟尼佛得到授記以後，無不歡喜雀躍。他們立即從座坐上站起來，走到佛的面前，以其頭面禮佛之足，悔過自責道：「世尊！我等過去常有這種念頭，自認為已證得到最終

念，自謂已得究竟滅度，今乃知之，如無智者。所以者何？我等應得如來智慧，而便自以小智為足。世尊！譬如有人至親友家，醉酒而臥。是時親友官事當行，以無價寶珠繫其衣裏，與之而去。其人醉臥，都不覺知。起已遊行，到於他國。為衣食故，勤力求索，甚大艱難；若少有所得，便以為足。於後親友會遇見之，而作是言：『咄哉，丈夫！何為衣食乃至如是。我昔欲令汝得安樂、

的滅度。今天，我們才知道自己太愚蠢了。為什麼呢？因為我們最終的目標應該是獲得如來世尊的智慧，但我們卻以小智為滿足。世尊，譬如有人到親友家中作客，喝醉酒後便自個睡著了。恰在這時，親友因官家之事要外出，他便將一顆無價寶珠塞進此人的衣服裡，贈送此物之後，他便自個走了，而那人依然醉臥不起，對此毫不覺知。等他醒來之後，他又輾轉到了其他國家。為了獲得衣食，他辛勤努力，奔波不息，生活十分艱難。所以，如果稍微得到一點，他便感到很滿足。後來，被他的親友撞見，便對他說：『豈不怪哉！怎麼會為了衣食而到這步田地呢？**過去，我為了讓你得到安樂，盡享五欲之福，於某年某月某日，將一顆無價珠寶繫在**

五欲自恣，於某年日月，以無價寶珠繫汝衣裏。今故現在，而汝不知。勤苦憂惱，以求自活，甚為癡也。汝今可以此寶貿易所須，常可如意，無所乏短。』」

我等聞無上，安隱授記聲，
歡喜未曾有，禮無量智佛。
今於世尊前，自悔諸過咎，
於無量佛寶，得少涅槃分，
如無智愚人，便自以為足。
我等亦如是，世尊於長夜，
常愍見教化，令種無上願。

你的衣服裡，至今仍還在，而你卻不知不覺，竟然如此辛勤憂惱，艱苦度日，真是太傻了！你現在可以用此珍寶換取所需的一切，你將永遠開心如意，凡有所須都可以如願以償，無所缺乏了。』」

我等得聞世尊無上安穩的授記之聲，均感到從未有過的高興。此時此刻，我們向您這位具足無量智慧的佛虔誠致禮，並在你的面前悔過自新。**我們本來擁有無量佛寶，但當得證小乘有涅槃後，便自以為足，真像沒有智慧的愚人一般。**

我們這些人也是如此，**世尊曾過去漫長的歲月中憐恤教化我們，使我們種下追求無上佛道的大**

我等無智故，不覺亦不知，
得少涅槃分，自足不求餘。
今佛覺悟我，言非實滅度，
得佛無上慧，爾乃為真滅。
我今從佛聞，授記莊嚴事，
及轉次受決，身心遍歡喜。

願。可我們沒有智慧，對此竟然不知不覺。得到小乘少許的涅槃之相，便自我滿足，不想再追求其他什麼。今天，佛使我們迷中覺悟，告訴我們這種小乘少許的涅槃並非真實的滅度，只有證得佛的無上智慧，才算是真正的滅度。我們今天從佛這裡聽到授記成佛及佛土莊嚴和轉次授記，依次作佛等情況，身心充滿了無比的歡喜。

授學無學人記品第九

有學及無學弟子得佛授記

有學意指仍在學習如何斷惑證真、修行教法的人；
無學指已證第四果阿羅漢的聖者。

【釋題】

「學」，就是有學位；「無學」，就是無學位。正在研理斷惑中的學人，叫做「學」，理窮惑盡，無可再學，叫做「無學」。小乘以初、二、三果為學，四果阿羅漢為無學。

【要義】

敘述阿難、羅睺羅和二千有學及無學聲聞弟子，也得佛授記。前幾品為各位大弟子授記，和為五百個羅漢以及一千二百五十個弟子授記，現在又為這學及無學二種人授記。

爾時阿難、羅睺羅而作是念：「我等每自思惟：『設得受記，不亦快乎。』」即從座起，到於佛前，頭面禮足，俱白佛言：「世尊！我等於此亦應有分，唯有如來，我等所歸。又我等為一切世間天、人、阿修羅所見知識——阿難常為侍者，護持法藏；羅睺羅是佛之子——若佛見授阿耨多羅三藐三菩提記者，我願既滿，眾望亦足。」爾時，學、無學聲聞弟子二千人，皆從座起，偏袒

這時，阿難、羅睺羅心中也想：「我們常常私下暗想，假如能得到釋迦牟尼佛的授記，那不是也非常快樂嗎？」想到這裡，二位尊者便從座位上站立起來，走到佛的面前，以頭親佛之足（為佛教的最敬禮），行此大禮之後，二人一起對佛說：「世尊！我們應當為您授記成佛弟子中的一員吧！我們始終以如來世尊作為唯一的歸依之處。另外，我們也是一切世間、天、人和阿修羅的良師益友。阿難是時常在佛左右的弟子，作為侍者長期護持佛的一切法藏，羅睺羅是佛的兒子。假如佛能慈悲為我們授無上正等正覺之記的話，不但我們的願望可以得到滿足，就是法會上二千多位小乘四果位上的弟子們也都可以實現他們的願望。」這時，小乘初果、

右肩，到於佛前，一心合掌，瞻仰世尊，如阿難、羅睺羅所願，住立一面。

爾時佛告阿難：「汝於來世當得作佛，號山海慧自在通王如來、應供、正遍知、明行足、善逝、世間解、無上士、調御丈夫、天人師、佛、世尊。

二果、三果等有學位以及四果位無學位上的聲聞弟子二千人都從座位上站立起來，他們偏袒右肩（原為古代印度表示尊敬之禮法，佛教沿用之，即於比丘拜見佛陀或問訊師僧時，須偏袒，以從事拂床、灑掃等工作，故偏袒右肩即意謂便於服勞、聽令使役，亦即以偏袒為敬禮之標幟），來到佛的面前，一心合掌，仰望世尊。這些人靜靜地站在一旁，他們的願望和阿難、羅睺羅一模一樣。

這時，釋迦牟尼佛告訴阿難說：「你於來世將會作佛，號為山海慧自在通王如來，同時具足十名，即：應供、正遍知、明行足、善逝、世間解、無上士、調御丈夫、天人師、佛、世尊。**阿難將供養六十二億位佛，並盡心護持這些佛的一切法藏，**

當供養六十二億諸佛，護持法藏，然後得阿耨多羅三藐三菩提。教化二十千萬億恒河沙諸菩薩等，令成阿耨多羅三藐三菩提。國名常立勝幡，其土清淨，琉璃為地。劫名妙音遍滿。其佛壽命，無量千萬億阿僧祇劫，若人於千萬億無量阿僧祇劫中算數校計，不能得知。正法住世倍於壽命，像法住世復倍正法。阿難！是山海慧自在通王佛，為十方無量千萬億恒河沙等諸佛如來所共讚歎，稱其功德。」

然後即可證得無上正等正覺。成佛之後，他將教化兩萬億恆河沙數之多的菩薩，使他們都證得無上正等正覺的佛智。阿難成佛後的國名叫常立勝幡，國內一片清淨，琉璃為地。當時的劫名叫妙音遍滿。該佛的壽命長達無量億阿僧祇劫，即使有人在無量無盡的漫長年月中去計算佛壽的長遠，也是不能得知的。該佛滅度後，佛的正法流行於世的時間比佛的壽命還長一倍，而繼正法而來的像法時代則比正法時代還長一倍。阿難！這位山海慧自在通王佛受到十方界內無量億恆河沙佛的共同讚嘆，他們都會稱揚該佛的功德。」

爾時會中新發意菩薩八千人，咸作是念：「我等尚不聞諸大菩薩得如是記，有何因緣而諸聲聞得如是決？」爾時世尊知諸菩薩心之所念，而告之曰：「諸善男子！我與阿難等，於空王佛所，同時發阿耨多羅三藐三菩提心。阿難常樂多聞，我常勤精進，是故我已得成阿耨多羅三藐三菩提，而阿難護持我法，亦護將來諸佛法藏，教化成就諸菩薩眾，其本願如是，故獲斯記。」

這時，法會中有八千位剛剛發心修行菩薩的弟子都同時產生了這種想法：「我們還不曾聽到諸大菩薩得到佛的授記，為什麼那些小乘聲聞弟子會得到成佛之記呢？」釋迦牟尼佛知道這些菩薩內心的想法，便告訴他們說：「諸位善男子！我釋迦牟尼佛和阿難等聲聞大眾，曾在過去空王佛那裡一起立志求證無上佛智。阿難總喜歡多聞強記，而人則經常勤修佛法，精進不息，所以我今天已得到了無上正等正覺而即身成佛，而阿難則繼續護持我的佛法，並將護持未來諸佛的法藏，教化並成就一切菩薩大眾，從而積功累德，證成無上正等正覺。**阿難早就發下證佛智、成佛果的誓願了，所以，他現在才得到佛的授記。**」

爾時世尊見學、無學二千人，其意柔軟，寂然清淨，一心觀佛。佛告阿難：「汝見是學、無學二千人不？」「唯然，已見。」「阿難！是諸人等，當供養五十世界微塵數諸佛如來，恭敬尊重，護持法藏。末後同時於十方國各得成佛，皆同一號，名曰寶相如來、應供、正遍知、明行足、善逝、世間解、無上士、調御丈夫、天人師、佛、世尊。壽命一劫。國土莊嚴，聲聞、菩薩，正法、

這時，釋迦牟尼佛以其妙觀察智觀察法會中的二千位小乘三果有學位和四果無學位的聲聞弟子，他們柔和慈善，心清意淨，都在全神貫注地瞻仰佛的尊容。於是，佛就對阿難說：「你看見這二千名有學位和無學位的聲聞大眾了嗎？」阿難回答說：「是的，我看見了。」

佛又對阿難說：「**阿難，這些人將供養五十個世界微塵數那麼多的如來世尊，悉皆盡心恭敬、尊重，並擁護、受持這些佛的一切法藏。最後，他們將在十方國土同時成佛，佛號也完全一樣**，都叫寶相如來，同時也都具足十號，即應供、正遍知、明行足、善逝、世間解、無上士、調御丈夫、天人師、佛、世尊。他們成佛後的壽命都是一劫，各自的佛

像法、皆悉同等。」爾時學、無學二千人，聞佛授記，歡喜踴躍、而說偈言：「世尊慧燈明，我聞授記音，心歡喜充滿，如甘露見灌。」

土一樣莊嚴，國中的聲聞、菩薩以及佛滅度後的正法、像法時代等都完全一樣。」

這時，有學位和無學位的二千弟子一聽釋迦牟尼佛為他們授記，不禁歡喜踴躍，他們異口同聲地誦偈道：「世尊啊！您的智慧好像明燈一樣明亮了我們的心扉，我們都聽到了您為我們授記的聲音，就好像是得到了甘露法水的澆灌，我們心中充滿了歡喜。」

法師品第十

鑿井喻與弘經三軌

佛在世或滅度後，
凡隨喜聽聞法華經者均授予成佛的記別，
及修行、受持、讀誦、解說、書寫本經的五種法施
和供養本經的十種功德。

【釋題】

「法」的定義為軌。平等正觀的一乘中道，可為心軌。「法師」的意義有二：「作為師的弘法」者、「以法為師」的人。(1) 人法師：能信解受持並為人解說此妙法者，為修行人之軌範。(2) 法法師：也可以解釋為「以法為師」。即諸佛菩薩及未來學習者之師，以一切功德皆由此妙法而生，此妙法即為信奉佛法者之師。是故，上師於法以自行，下為人師以化他，凡為人師，必師於法，故稱「法師」。

【要義】

舉五種法師（受持、讀、誦、解說、書寫），與十種供養為實踐、流通方式。並說「鑿井喻」。高山鑿井，最初不管怎麼挖怎麼鑿，都只看到乾土，但漸漸地看到溼土，若再努力，最終能挖到泥土而得到水。如是，若穿過阿含小乘的乾土，方等、般若的溼土，而到一乘法華的溼土，則必定能到中道實相的智水。

聽聞《法華經》或一念隨喜者，悉予授記成佛，並告知如何傳播及弘揚本經，宣講本經亦要具足三項儀軌—入如來室，著如來衣，坐如來座。「大慈悲心、忍辱衣、法空座」，乃如來滅度後，以修行弘通《法華經》者的規則，就是「弘經三軌」的殊勝義。

藥王！若有惡人，以不善心，於一劫中現於佛前，常毀罵佛，其罪尚輕；若人以一惡言，毀呰在家、出家讀誦法華經者，其罪甚重。藥王！其有讀誦法華經者，當知是人以佛莊嚴而自莊嚴，則為如來肩所荷擔。其所至方，應隨向禮，一心合掌，恭敬供養，尊重讚歎，華、香、瓔珞，末香、塗香、燒香，繒蓋、幢幡，衣服、餚饌，作諸伎樂，人中上供，而供養之，應持天寶而以散之，

藥王菩薩！假如有位惡人在某一劫中現身於佛前，他心地不善，經常毀謗辱罵於佛，此人由此而獲得的罪業還算輕。可是，如果有人以一句惡言，毀謗諷刺讀誦《法華經》的在家人和出家人，那麼，此人的罪業就太重了。藥王！若有人能讀誦《法華經》，你應當知道，**此人能得到佛一樣的莊嚴，就好比如來世尊將他荷擔在肩上**，無論他到什麼地方，人們都應該向他致禮、一心合掌、恭敬供養、尊重、讚頌，並以花、香、瓔珞、末香、塗香、燒香、繒蓋、幢、幡、衣服、豐盛的菜餚、種種音樂舞蹈等人間最上等的供具來供養他，還套用天上的寶花散在他的身上，因為這人就是天上的寶聚，理應受到如此的奉獻和供養。為什麼呢？**因為此人樂**

天上寶聚應以奉獻。所以者何？是人歡喜說法，須臾聞之，即得究竟阿耨多羅三藐三菩提故。

藥王今告汝，我所說諸經，而於此經中，法華最第一。

我所說經典無量千萬億，已說、今說、當說，而於其中，此法華經最為難信難解。

藥王！此經是諸佛祕要之藏，不可分布妄授與人；諸佛世尊之所守護，從昔已來，未曾顯說。而此經者，如來現在，

於說法，眾生即使在很短的時間內聽他說法，即可最終證得至高無上、圓融無礙的如來聖智。

藥王，我現在告訴你，在我所說的一切經典中，唯獨《法華經》最為第一。

我所說的經典無量千萬億之多，無論是已說過的、現在正說的、還是未來將要說的，這其中只有《法華經》是最難信、最難解的。

藥王！這部經典是十方諸佛最重要、最奧秘的法藏，是不可隨便向外傳授的，所以，十方諸佛一齊守護此經，始終未曾向外顯說。如今，我說出這部經典，招致了許多怨恨和嫉妒。我在時尚且如

猶多怨嫉，況滅度後？

藥王！當知如來滅後，其能書、持、讀、誦、供養、為他人說者，如來則為以衣覆之，又為他方現在諸佛之所護念。是人有大信力，及志願力、諸善根力。當知是人與如來共宿，則為如來手摩其頭。

藥王！在在處處，若說、若讀、若誦、若書，若經卷所住處，皆應起七寶塔，極令高廣嚴飾，不須復安舍利。所以者何？此中已有如來全身。此

此，何況我滅度之後。藥王！你應當知道，**在如來世尊滅度之後，若有人能書寫、受持、閱讀、記誦、供養並為他人講說這部經，這樣的人就好像以袈裟披覆在他的身上，而且還會受到他方現在諸佛的保護和關懷。**這樣的人具有很大的信心力、志願力和各種善根之力，他們往昔廣修福德，種下善根，故能堅信並志願奉持此經。你應當知道，這些人常與佛在一起，為如來世尊以手撫摩頭頂，表示愛重。

藥王！不論在任何地方，若有人閱讀、若有人記誦、若有人書寫《法華經》，凡是本經典存在的地方，皆應該建起**七寶塔**，所建之塔應極盡高廣，極盡莊嚴，不需要再安置舍利。為什麼呢？因為**此寶塔中有《法華經》，就等於有如來世尊的法身**，所

塔，應以一切華、香、瓔珞，繒蓋、幢幡，伎樂、歌頌，供養恭敬，尊重讚歎。若有人得見此塔，禮拜、供養，當知是等皆近阿耨多羅三藐三菩提。

藥王！多有人在家、出家行菩薩道，若不能得見聞、讀誦、書持、供養是法華經者，當知是人未善行菩薩道；若有得聞是經典者，乃能善行菩薩之道。其有眾生求佛道者，若見、若聞是法華經，聞已信解受持者，當知是人得近阿耨多

以，人們應以各種花、香、瓔珞、繒蓋、幢、幡、伎樂、歌頌等進行供養，並恭敬供、尊重和讚嘆這座寶塔。**如果有人看見這座塔後對塔進行禮拜供養，當知這樣的人皆已接近至高無上、圓融無礙的正覺境界了。**

藥王！如果有許多在家和出家修行菩薩道的人未能見到、聽聞、閱讀、記誦、書寫、受持、供養這部《法華經》，你應當知道，這些人並未圓滿地修行菩薩道。**如果能聽聞到這部經典，那才能善修圓滿的菩薩之道。**另外有一些眾生追求成佛之道，他們若能見到或聽聞這部《法華經》，並隨之堅信不疑、心領神會、身體力行，你應當知道這些人將接近至高無上、圓融無礙的正覺境界。

羅三藐三菩提。

藥王！譬如有人渴乏須水，於彼高原穿鑿求之，猶見乾土，知水尚遠；施功不已，轉見濕土，遂漸至泥，其心決定，知水必近。菩薩亦復如是，若未聞、未解、未能修習是法華經者，當知是人去阿耨多羅三藐三菩提尚遠；若得聞解、思惟、修習，必知得近阿耨多羅三藐三菩提。

所以者何？一切菩薩阿耨多羅三藐三菩提，皆屬此

藥王！譬如有人乾渴需水，在一高原上挖井求取。當挖出來的全是乾土時，他知道離水還遠。他繼續施工，不停地往深處挖掘，轉而發現了濕土，逐漸地又看到了泥土，於是，他心裡十分自信和堅定，他知道水肯定就在附近。菩薩也是如此，如果沒有聽聞、沒有理解、沒有修習這部《法華經》，那麼，你應當知道，這些人離至高無上、圓融無礙的正覺境界尚遠。**但如果能夠聽聞、理解、思維、修習這部經，那麼，你應當知道，這些人離至高無上的正覺境界已很近了**。

為什麼這樣說呢？因為**一切菩薩法門及其所要證得的**無上正等正覺**都包含於這部《法華經》之**

經——此經開方便門，示真實相。是法華經藏，深固幽遠，無人能到，今佛教化成就菩薩而為開示。藥王！若有菩薩聞是法華經，驚疑、怖畏，當知是為新發意菩薩；若聲聞人聞是經，驚疑、怖畏，當知是為增上慢者。藥王！若有善男子、善女人，如來滅後，欲為四眾說是法華經者，云何應說？是善男子、善女人，入如來室，著如來衣，坐如來座，爾乃應為四眾廣說斯經。

中。此經揭開一切方便權巧之法門，顯示萬法實相無相之妙理。這部法華經藏，深奧、堅固、幽遠，沒有人能探測得到。現在，佛為了教化並成就所有的菩薩而為他們分別開示。藥王！**如果有菩薩聽聞這部《法華經》後，吃驚、疑惑、畏懼，你應當知道，這些菩薩都是剛剛發心修行的菩薩。如果聲聞人中有的聽聞此經後，吃驚、疑惑、畏懼，你應當知道，這些人都是傲慢、不知上進的弟子。**藥王！如果有善男信女在如來滅度之後想為四眾弟子講說這部《法華經》，應該怎樣去講說呢？**這些善男信女必須住到如來室、穿上如來衣、坐到如來座，這樣才可為四眾廣說此經。**

欲捨諸懈怠，應當聽此經，
是經難得聞，信受者亦難。
如人渴須水，穿鑿於高原，
猶見乾燥土，知去水尚遠；
漸見濕土泥，決定知近水。
藥王汝當知！如是諸人等，
不聞法華經，去佛智甚遠，
若聞是深經，決了聲聞法。
是諸經之王，聞已諦思惟，
當知此人等，近於佛智慧。
若人說此經，應入如來室，
著於如來衣，而坐如來座，
處眾無所畏，廣為分別說。

若有人想要克服懈怠，就應當聽此部《法華經》。這部《法華經》是很難聽到的，也是難信難解、受持的。好比有人乾渴需水，在一高原上挖井。當挖出的土依然十分乾燥時，他知道離水尚遠。當他繼續挖鑿，漸漸看到濕土甚至泥土時，他堅定水很近了。藥王！你應當知道，**那些不聽聞《法華經》的人，離佛智是非常遙遠的。如果能聽聞到這部義理深邃的大乘經典，就會真正明白，聲聞乘的法只是如來世尊的權巧方便法門，而《妙法蓮華經》才是所有經典中的經王。**若能在聽聞該經之後，聚精會神地思考經中的微妙義趣，當知此類人已接近於佛的智慧了。如果有人在我滅度之後，要為大眾解說這部《法華經》，他就應該進入如來之室、穿上如來之衣、坐到如來之座，然後在大眾之中嚴整威

大慈悲為室，柔和忍辱衣，
諸法空為座，處此為說法。
若說此經時，有人惡口罵，
加刀杖瓦石，念佛故應忍。
我千萬億土，現淨堅固身，
於無量億劫，為眾生說法。
若我滅度後，能說此經者，
我遣化四眾，比丘比丘尼，
及清信士女，供養於法師，
引導諸眾生，集之令聽法。
若人欲加惡，刀杖及瓦石，
則遣變化人，為之作衛護。
若說法之人，獨在空閑處，

儀，無有怖畏，廣泛宣說這部經典。「室」即大慈大悲之心，「衣」即柔和忍辱，「座」即一本性空寂，具足這三個條件，即可宣講此部《法華經》。若在講解此經時，有人惡言辱罵，甚至用刀杖瓦石等來打他，他應該心念於佛，忍受這些侮辱。

當我滅度之後，我將在千萬億的國土中現清淨、堅固之身，在無量無億劫中，為眾生說法。若有人能在我滅度之後講說《法華經》，我就會派遣我所變化的四眾即比丘、比丘尼以及在家修行的清淨士和清淨女，讓他們去供養這位法師，並引導所有眾生，集合一起，聽這位法師說法。如果有人用刀杖瓦石等來傷害他，我就會派遣一些化人來衛護這位法師。如果說法的法師獨自一人在偏僻空曠之處，這裡非常清淨，荒涼寂寞，聽不見任何的聲音，

寂寞無人聲，讀誦此經典，
我爾時為現，清淨光明身。
若忘失章句，為說令通利。
若人具是德，或為四眾說，
空處讀誦經，皆得見我身。
若人在空閑，我遣天龍王，
夜叉鬼神等，為作聽法眾。
是人樂說法，分別無罣礙，
諸佛護念故，能令大眾喜。
若親近法師，速得菩薩道，
隨順是師學，得見恒沙佛。

這位法師在此閱讀或背誦《法華經》，我將於此時，為這位法師現化出清淨光明的佛身。

如果他忘記了《法華經》中的某些句子，我便會以神通之力默默告訴他，使他能記憶起來。如果有人具備這種功德，為四眾弟子宣說《法華經》，或者在空曠寂靜的地方讀誦經文，我都會讓他們得見我的法身寶相。假使有人在荒野山裡講解這部《法華經》，我就會派遣諸天神、龍神、夜叉、鬼神等來作他的聽眾。此人喜歡講說《法華經》，而且能把此經的妙理解釋得圓融無礙，光光相照，孔孔相通，無有任何矛盾之處。**由於這位法師時時受到諸佛的保護和關懷，所以，他為大眾說法，肯定會讓大眾滿意歡喜的**。如果能跟隨這位法師修學，將來即可得見如恆河沙數之多的如來世尊。

見寶塔品第十一

多寶佛塔從地涌出，證明世尊所說皆是真實

當諸佛宣說法華經時會有一位多寶佛，
因過去發願護持法華經，
而乘七寶塔從地湧出來聽法，
證明所宣講的正是這部無上大法。

【釋題】

「見」是看見，「塔」又稱為方墳，就是佛和祖師的真身供養處，也就是佛的舍利所在處。這座寶塔，是多寶如來入滅之後，一切眾生所造的。多寶如來在未成佛之前，曾經發願在未來，凡是有佛出世，將要說妙法蓮華經的時候，都會有一個多寶塔從地下涌出來，現在其前令大眾皆能看見，證明說法華經的境界是不可思議。故此品名為〈見寶塔品〉。

【要義】

描述「虛空會」的儀式。諸佛大多曾說過《妙法蓮華經》，當他們宣說此經時，都會有一位多寶佛，因過去發願護持《法華經》，而乘七寶塔從地湧出來聽法，證明所宣講的正是這部無上大法，功德無量。釋迦牟尼佛宣講《法華經》時，多寶佛與七寶塔果然現前，佛陀遂應大樂說菩薩所請，以神力三變淨土，召集十方分身，打開七寶塔，多寶如來即分半座與釋迦如來同坐。

爾時佛前有七寶塔，高五百由旬，縱廣二百五十由旬，從地踊出，住在空中，種種寶物而莊校之。五千欄楯，龕室千萬，無數幢幡以為嚴飾，垂寶瓔珞寶鈴萬億而懸其上。四面皆出多摩羅跋栴檀之香，充遍世界。其諸幡蓋，以金、銀、琉璃、車璩、馬腦、真珠、玫瑰、七寶合成，高至四天王宮。三十三天雨天曼陀羅華，供養寶塔。餘諸天、龍、夜叉、乾闥婆、阿修羅、迦樓羅、緊那

這時在佛的面前，有一座七寶塔，高五百由旬（古印度的一個長度單位，約七、八公里），塔基縱廣二百五時由旬，從地下湧現，上出雲霄，住於空中。此塔是以種種寶物，莊嚴校飾的，有五千欄楯、千萬龕室、無數幢幡，還懸掛著垂寶的瓔珞，及寶鈴萬億；從四面流出的「多摩羅跋栴檀」香氣，充滿世界；其幢幡傘蓋，都是以金、銀、琉璃、硨磲、瑪瑙、真珠、玫瑰等七寶所合成，高至天王宮。三十三天，如雨一般的降下曼陀羅華，以供養寶塔。其餘的一切天龍、夜叉、乾闥婆、阿修羅、迦樓羅、緊那羅、摩睺羅伽，這人非人等千萬億眾，也以一切華香、瓔珞、幡蓋、伎樂等，供養寶塔，恭敬、尊重、讚歎！這時從七寶塔裡，發出極大音

羅、摩睺羅伽、人非人等，千萬億眾，以一切華、香、瓔珞、幡蓋、伎樂，供養寶塔，恭敬、尊重、讚歎。爾時寶塔中出大音聲歎言：「善哉，善哉！釋迦牟尼世尊！能以平等大慧，教菩薩法，佛所護念，妙法華經，為大眾說。如是，如是！釋迦牟尼世尊！如所說者，皆是真實。」

爾時有菩薩摩訶薩，名大樂說，知一切世間天、人、阿修羅、等心之所疑，而白佛言：

聲，讚歎地說：「很好！很好！釋迦牟尼佛以最平等的大智慧來教化菩薩，十方諸佛保護你為大眾講說《法華經》。就是這樣！就是這樣！世尊所說之言皆是真實不虛的。」

就在這時，有一位名叫大樂說的大菩薩，明白所有天神、人類和阿修羅等眾生心中所懷疑的問題。於是他對釋迦牟尼佛說道：「世尊！為什麼會

「世尊！以何因緣，有此寶塔從地踊出，又於其中發是音聲？」

爾時佛告大樂說菩薩：「此寶塔中有如來全身，乃往過去東方無量千萬億阿僧祇世界，國名寶淨，彼中有佛，號曰多寶。其佛行菩薩道時，作大誓願：『若我成佛、滅度之後，於十方國土有說法華經處，我之塔廟，為聽是經故，踊現其前，為作證明，讚言善哉。』

彼佛成道已，臨滅度時，

有些寶塔從地下湧出而留住於空中？為什麼會從寶塔之中發出這種聲音？」

釋迦牟尼佛告訴大樂說菩薩：「這座寶塔之中有如來世尊的全身舍利。這位如來世尊是過去世東方無量個世界之外一個名叫寶淨佛國中的一位佛，名號多寶。該在未成佛之前修行菩薩道時，曾發下宏大的誓願：『我若能成佛，在滅度之後，於十方所有國土之中，凡是有佛演說《妙法蓮華經》地方，我的塔廟因為聽聞這部經的緣故，會從地下湧出而現於說法者的面前，為他作證，為他讚美。』

這位多寶佛後來證果成佛，在他臨入涅槃時，於天人大眾中告諸比丘：『我滅度後，欲供養我全身者，應起一大塔。』其佛以神通願力，十方世界，在在處處，若有說法華經者，彼之寶塔皆踊出其前，全身在於塔中，讚言：『善哉，善哉！』

佛告大樂說菩薩摩訶薩：「是多寶佛，有深重願：『若我寶塔，為聽法華經故，出於諸佛前時，其有欲以我身示四眾者，彼佛分身諸佛——在於十方世界說法，盡還集一處，

當著天神和人類大眾的面，對所有比丘們說：『我滅度之後，欲供養我全身者，應建起一座大塔。』多寶如來世尊以其不可思議的神通和願力，在十方世界任何一個有講說《法華經》的地方，他的寶塔都會從地下湧出，現於其前，而他則置身塔中，稱讚這位宣說《法華經》的佛：『很好！很好！』

釋迦牟尼佛告訴大樂說菩薩：「這位多寶佛大往昔未成佛以前還發過一個深重的大願：『假使我的寶塔為聽《法華經》的緣故，出現於諸佛面前時，有哪位佛想將我的全身示現給法會中的四眾弟子的話，這位佛就必須將他在十方世界中說法的所有分身佛全部集合在一處，然後，我的全身才出現

然後我身乃出現耳。』大樂說！我分身諸佛——在於十方世界說法者，今應當集。」

爾時東方釋迦牟尼佛所分之身，百千萬億那由他恒河沙等國土中諸佛，各各說法，來集於此；如是次第十方諸佛皆悉來集，坐於八方。爾時一一方，四百萬億那由他國土諸佛如來遍滿其中。

告諸大眾：「我滅度後，
誰能護持、讀說斯經？
今於佛前，自說誓言。

於四眾面前。』大樂說！**我所有的分身佛如今都在十方各個世界中講經說法，現在應當召集他們都來這裡。」**

這時，東方釋迦牟尼佛所分身的化佛，在成百上千以至億萬那由他條恆河之沙數那麼多的國土中說法教化眾生，他們皆辭別大眾來到釋迦牟尼佛這裡集會，坐在寶塔的八方。這時，**每一方各有四百萬億那由他那樣多的國土，每一國土之中都充滿了釋迦牟尼佛分身的化佛。**

釋迦牟尼佛又以偈語形式告訴所有大眾說：「在我滅度之後，誰能發願受持此經、讀誦此經、宣說此經？現在應當在多寶如來座前和分身諸佛座

其多寶佛，雖久滅度，
以大誓願，而師子吼。
多寶如來，及與我身，
所集化佛，當知此意。
諸佛子等，誰能護法，
當發大願，令得久住。
其有能護，此經法者，
則為供養，我及多寶。
此多寶佛，處於寶塔，
常遊十方。為是經故，
亦復供養，諸來化佛，
莊嚴光飾、諸世界者。
若說此經，則為見我、
多寶如來，及諸化佛。」

前，自我宣誓。這位多寶佛雖然久已滅度，可是仍以他的大誓願在寶塔中作大師子吼。你們今日發誓，多寶如來和我以及聚在此的我的化身佛都會知道你們所發誓願的意思，並將護持你們專心修道。各位佛的弟子！誰能有護法之心，就當發下最大的誓願，令《妙法蓮華經》的法恆久流傳於世。**假使有人能護持此經妙法，就等於是供養我和多寶如來。**這位多寶如來雖然身處寶塔之中，可是為了聽聞《妙法蓮華經》並為此經法作證，他時常遊於十方世界。**你們若能發心供養《妙法蓮華經》，就等於供養我所分身的一切化佛，也就等於莊嚴一切國土，輝映裝點一切世界。假使能解說《妙法蓮華經》，就能見到我身和多寶佛身以及我的一切分身化佛。」**

提婆達多品第十二

惡人、女人成佛

提婆達多處處與佛為難，
犯下五逆罪的其中三種，
而佛陀仍於此品授記提婆達多，
另有龍女年僅八歲，
當眾人之面頃刻間即時成佛，
所有一切眾生未來都能成佛。

【釋題】

提婆達多，翻譯為天熱，乃斛飯王之子，是佛陀的堂兄弟，阿難（佛陀侍者）的哥哥。出家學神通，造三逆罪，破壞佛法，所以當其生時，諸天皆感執惱，故名天熱。提婆達多很快修得神通、顯現神通，在王權的加護下，提婆達多變得很有勢力。在佛陀這一生，提婆達多為了權力而陷害佛陀。提婆達多的境界是不可思議的，他的神通和佛是一樣大的，他是由反面幫助佛。

【要義】

犯五逆罪的提婆達多因宣說《法華經》的功德，得授記為佛。又八歲的娑竭羅龍女聞《法華經》，即身成佛，證明弘通本經功德之大，即使是惡人、女人等也能成佛。

佛告諸比丘：「爾時王者，則我身是；時仙人者，今提婆達多是。由提婆達多善知識故，令我具足六波羅蜜，慈悲喜捨，三十二相，八十種好，紫磨金色，十力、四無所畏、四攝法、十八不共神通道力，成等正覺，廣度眾生，皆因提婆達多善知識故。」

釋迦牟尼佛告訴諸比丘說：「那時的國王就是我的前身，那時的那位仙人就是現在的提婆達多。**正是因為提婆達多這位善知識，才使我具足了施、戒、進等六波羅蜜之法，具足了慈、悲、喜、捨等四無量心**；具足了三十二種殊妙身相和八十種非凡的細微特徵，身體可以放出一種最殊勝的紫磨金色；具足了十種智力和四種無畏；具足了布施、愛語、利行、同事等四種接引眾生之法；具足了不與聲聞、緣覺、菩薩共有的十八種不共之法，具足了無量的神通道力，**成就了至高無上的正覺，從而普度眾生**，所有這一切都是由於提婆達多這位善知識的緣故。」

告諸四眾：「提婆達多却後過無量劫，當得成佛，號曰天王如來、應供、正遍知、明行足、善逝、世間解、無上士、調御丈夫、天人師、佛、世尊。世界名天道。」

佛告諸比丘：「未來世中，若有善男子、善女人，聞妙法華經提婆達多品，淨心信敬不生疑惑者，不墮地獄、餓鬼、畜生，生十方佛前，所生之處，常聞此經。若生人天中，受勝妙樂，若在佛前，蓮華化生。」

釋迦牟尼佛又告訴四眾弟子說：「**這位提婆達多再過無量劫當會證果成佛**，名號叫天王，通號如來、應供、正遍知、明行足、善逝、世間解、無上士、調御丈夫、天人師、佛、世尊。當時的世界名叫天道。」

釋迦牟尼佛告訴諸比丘說：「在未來之世中，如果有善男子、善女子聽聞**《妙法蓮華經》的提婆達多品**，並心清意淨，恭敬信受，毫不疑惑，這樣的人將不會轉生於地獄、餓鬼、畜生等惡道之中，必將轉生於十方佛的面前，他們所轉生的地方，也將常聞此經。如果這些人轉生於人間或天上，他們就會享受各種殊勝而微妙的快樂。若轉生於佛前，文殊師利言：「有娑竭羅龍王女，年始八歲，智慧利根，善知眾生諸根行業，得陀羅尼，諸佛所說甚深祕藏，悉能受持。深入禪定，了達諸法，於剎那頃發菩提心，得不退轉，辯才無礙。慈念眾生、猶如赤子，功德具足，心念口演，微妙廣大，慈悲仁讓，志意和雅，能至菩提。」

那將是由蓮花而來化生（為四種眾生出生的方式之一）。」

文殊師利說：「娑竭羅龍王有一位女兒，年方八歲，聰明伶俐，富有智慧。她了知眾生的差別根性，及善惡行業，得到十八種陀羅尼之法，對於諸佛所說的一切深奧玄秘的法藏都能信受持行。她還能深入禪定，了達諸法性相，在一剎那間，發心求證無上智慧，達到永不退轉的境地，獲得了圓融無礙的辯才。這位八歲的女子慈悲關懷一切眾生，視一切眾生猶如赤子。他具足了一切功德，心裡念法，口中說法，所說之法既微妙又廣大。她還具足慈悲仁讓之心地，富有柔和雅善之意志。像龍王之女這樣的眾生必能速成菩提之道。」

智積菩薩言：「我見釋迦如來，於無量劫難行苦行，積功累德，求菩提道，未曾止息。觀三千大千世界，乃至無有如芥子許非是菩薩捨身命處，為眾生故，然後乃得成菩提道。不信此女於須臾頃、便成正覺。」

時舍利弗語龍女言：「汝謂不久得無上道，是事難信。所以者何？女身垢穢，非是法器，云何能得無上菩提。佛道懸曠，經無量劫勤苦積行，具

智積菩薩說：「我見釋迦牟尼佛在無量劫以前，行難行的苦行，不停地積功累德以求菩提之道，未曾休息。看看這大千世界，甚至就是像芥子那麼大的地方，無不是他為眾生而捨棄身命的處所。**為度眾生，經過長期的修行，才得以證成菩提之道。釋迦如來尚且如此**，所以，**我不相信這位龍女能在一剎那間，就立地成佛。**」

這時，法會中的舍利弗尊者對龍女說：「你說自己不久當成就至高無上的佛道，這真令人難以置信。為什麼呢？因為女身垢穢不淨，不是成佛的法器，怎麼會得到至高無上的佛智呢？何況成佛之道極其遙遠廣闊，只有經過無量無數之劫的勤苦修

修諸度，然後乃成。又女人身猶有五障：一者、不得作梵天王，二者、帝釋，三者、魔王，四者、轉輪聖王，五者、佛身。云何女身速得成佛？」

爾時龍女有一寶珠，價直三千大千世界，持以上佛。佛即受之。龍女謂智積菩薩、尊者舍利弗言：「我獻寶珠，世尊納受，是事疾不？」

答言：「甚疾。」

女言：「以汝神力，觀我成佛，復速於此。」

行，布施、持戒、忍辱、精進、禪定、般若等六度之行樣樣俱通，條條圓滿，如此才可成就佛道。另外，女人之身還有五種障礙：一是不能作大梵王；二是不能作帝釋；三是不能作魔王；四是不能作國王；五是不能成佛。如此說來，女身怎麼會很快成佛呢？」這時，龍女將一顆價值大千世界那麼寶貴的寶珠拿出呈獻給佛，佛便接受了。龍女對智積菩薩說：「我獻寶珠，世尊納受，這是不是很快？」智積菩薩回答說：「是很快的。」龍女接著說：「依你的威神之力來觀察我的成佛，將比這更快！」

爾時娑婆世界，菩薩、聲聞、天龍八部、人與非人，皆遙見彼龍女成佛，普為時會人天說法，心大歡喜，悉遙敬禮。無量眾生，聞法解悟，得不退轉；無量眾生，得受道記。無垢世界，六反震動；娑婆世界，三千眾生住不退地，三千眾生發菩提心而得受記。智積菩薩及舍利弗，一切眾會，默然信受。

這時，身處這個娑婆世界中的菩薩、聲聞、天龍八部神、人與非人等都遠遠**看見這位龍女證果成佛**，並普為當時法會中的人和天神說法，故而皆大歡喜，全都遙相敬禮。**有無量眾生聽聞龍女說法而得理解開悟，達到不退轉的境界，又有無量眾生得受成佛之記**。當時，無垢世界出現了動、起、涌、震、吼、擊（搖）等六種震動。娑婆世界的三千眾生得住不退轉的果位，又能三千眾生發心求證無上菩提而得受成佛之記。見此景象，智積菩薩、舍利弗以及法會中的一切眾生無不默然信受。

勸持品第十三

菩薩與菩薩眷屬，發願於世尊滅後奉持廣說法

被授記的五百阿羅漢及學無學八千人，
以及八十萬億那由他無數菩薩，
皆誓願弘此經典。

【釋題】

「勸」是「勸說」；「持」是「奉持」。「勸持」就是勸人受持之意，用種種的言語來勸說他人，歡喜讀誦受持這一部經典。

【要義】

佛在〈見寶塔品〉裡，以發願弘經為號召；又在提婆達多品裡，歎經功殊勝；故本品始有菩薩聲聞等的響應號召，發願持經之事。藥王、大樂說和兩萬菩薩，各各發願弘揚《法華經》。被授記的五百阿羅漢及學、無學八千人，以及八十萬億那由他無數菩薩，皆誓願弘此經典。

諸比丘尼說是偈已，白佛言：「世尊！我等亦能於他方國土廣宣此經。」

爾時世尊視八十萬億那由他諸菩薩摩訶薩。是諸菩薩——皆是阿惟越致，轉不退法輪，得諸陀羅尼——即從座起，至於佛前，一心合掌，而作是念：「若世尊告勅我等持說此經者，當如佛教，廣宣斯法。」復作是念：「佛今默然，不見告勅，我當云何？」時諸菩薩敬順佛意，並欲自滿本願，

諸比丘尼說完這道偈語之後，又對佛說：「世尊！我們這些人也能在其他國土之中，廣泛宣說這部《妙法蓮華經》。」

這時，釋迦牟尼佛又將目光注視到**八十萬億那由他那樣多的大菩薩**身上。**這些菩薩都是位不退、念不退、行不退位上的大菩薩，他們轉不退法輪，永無止息地講經說法，獲得各種陀羅尼神咒。**這些大菩薩同時從各自的座位上站立起來，一起來到佛前，一心合掌致禮，心中這樣想道：「**假若世尊命我們受持、講說這部《妙法蓮華經》，我們將一定遵從佛的教誨，廣為一切眾生宣講這部寺乘經典的微妙之法。**」接著，他們又想：「佛現在默然不語，未見下敕傳旨，我們該怎麼辦呢？」當時，這

便於佛前，作師子吼而發誓言：「世尊！我等於如來滅後，周旋往返十方世界，能令眾生書寫此經，受持、讀誦，解說其義，如法修行，正憶念，皆是佛之威力。唯願世尊，在於他方遙見守護。」

即時諸菩薩俱同發聲、而說偈言：

「唯願不為慮，於佛滅度後，

恐怖惡世中，我等當廣說。

些大菩薩們只好恭敬順從佛的心意，並欲滿足自己原本所發的大願，乃一起在佛前作師子吼（大無畏聲），而發這樣的誓言：「世尊！我們將在如來滅度之後，盤旋往返於十方諸世界之內，使眾生書寫此經，受持、讀誦此經，並解說其義理，然後再根據經義去修行和正確無誤地回憶、背誦。所有這些都賴於佛的威神之力，所以，**但願世尊在遙遠的地方，守護我們和一切眾生。**」

接著，所有這些菩薩同時發聲誦偈道：

「世尊啊，請您放心！在你滅度之後的恐怖邪惡之世中，我們將擔負起說法的重任，為眾生廣泛宣講這部甚深微妙的經典。如果遇到那些沒有智慧的人，無論是惡口謾罵，還是以刀棒加害，我們都

有諸無智人，惡口罵詈等，
及加刀杖者，我等皆當忍。
惡世中比丘，邪智心諂曲，
未得謂為得，我慢心充滿。
或有阿練若，納衣在空閑，
自謂行真道，輕賤人間者。
貪著利養故，與白衣說法，
為世所恭敬，如六通羅漢。
是人懷惡心，常念世俗事，
假名阿練若，好出我等過，
而作如是言：『此諸比丘
等，
為貪利養故，說外道論議；
自作此經典，誑惑世間人，

應當忍受。惡世中的比丘，心懷邪智邪見，善於諂媚。未得道時卻自稱已得，充滿了自傲自大之心。有的修阿練若行的比丘，穿著一襲陳舊、補綴很多的破衣（僧衣），身處空閒處，自認為是修行真道，輕視人間講《法華經》的法師。他們貪圖利益，為在家人說法，好像自己很受世人恭敬，猶如具足六種神通的羅漢一樣。這類人懷著邪惡之心，總是關懷世俗的名利和爭鬥。他們打著無諍、空寂、閒靜的晃子，攻擊我們有諸多過錯，說什麼：『這些比丘貪圖利益而說外道觀點。他們自己作出這部《妙法蓮華經》，以欺騙迷惑世人。為了求名，他們才分別講說這部自作的經典。』這些惡性比丘總想在大眾之中毀謗我們，所以，他們在國王、大臣、婆

為求名聞故，分別於是經。』

常在大眾中，欲毀我等故，
向國王大臣，婆羅門居士，
及餘比丘眾，誹謗說我惡，
謂是邪見人，說外道論議。
我等敬佛故，悉忍是諸惡。
為斯所輕言，汝等皆是佛，
如此輕慢言，皆當忍受之。
濁劫惡世中，多有諸恐怖，
惡鬼入其身，罵詈毀辱我。
我等敬信佛，當著忍辱鎧，
為說是經故，忍此諸難事。
我不愛身命，但惜無上道，

羅門、居士及其他比丘大眾面前誹謗我們是邪見之人，說的是外道的理論。我們因為恭敬佛的緣故，全都忍受了這些惡意的攻擊。可是，這些人又諷刺我們說：『你們都是佛。』像這種像是稱讚，而實為諷刺的輕慢言語，我們都將忍受。在這五濁惡世之中，總會有各種各樣的恐怖之事來擾亂我們的身心。惡鬼會附上人身而作祟，肆意謾罵毀辱我們。我們是敬信佛法之人，應當穿上忍辱的鎧甲。**為了宣說這部《妙法蓮華經》，我們要忍受如此眾多的困難。我們寧可不愛惜自己的生命，但不能不愛惜至高無上的菩提大道。我們大眾將在未來世中，遵守佛的囑咐，護持這部經典。**世尊，您一定知道，濁世中的惡性比丘不知佛所說的方便法門乃是隨順

我等於來世，護持佛所囑，
世尊自當知。濁世惡比丘，
不知佛方便，隨宜所說法，
惡口而顰蹙，數數見擯出，
遠離於塔寺。如是等眾惡，
念佛告勅故，皆當忍是事。
諸聚落城邑，其有求法者，
我皆到其所，說佛所囑法。
我是世尊使，處眾無所畏，
我當善說法，願佛安隱住。
我於世尊前，諸來十方佛，
發如是誓言，佛自知我心。」

眾生之機宜而說的法。他們惡口毀謗，皺眉作態，常常把善性比丘擯出、驅出塔寺之外。像這樣的各種惡事，我們念著佛的囑咐，所以應當默默忍受，在所有的村落或城鄉之中，只要有人求法，我們便會來到他的面前，演說佛所咐囑的妙法。我們是世尊的使者，在任何大眾之中都是毫無畏懼的。我們將不遺餘力地認真說法，願佛安安穩穩地住在常寂光淨土中，不要擔心《法華經》的後世弘宣問題。我們在釋迦牟尼世尊和來自十方的一切佛面前，發這樣的誓言，佛一定知道我們的心願。」

安樂行品第十四

髻珠喻

於惡世中，應當安住身、口、意、誓願四安樂行，
引導眾生深入一乘大法。
以轉輪聖王髻中的明珠譬喻法華經，
平時絕不施予有功兵將，最後才給予立大戰功的人。

【釋題】

身無危難，安居到這個行上，叫做「安」，心無憂惱，叫做「樂」。行道於身心安樂之處，叫做「安樂行」。「安樂行」就是「菩薩行」，身心都安居在所行菩薩道的這種境界上。因為自己所歡喜，歡喜行這種菩薩道。前面〈法師品〉、〈提婆達多品〉及〈勸持品〉都是很重要，坐如來座、著如來衣、入如來室，修這種安樂的行，這是行菩薩道必須要經過的一條路，所以這叫做「安樂行品」。

【要義】

文殊請益末世持經方法，佛云應當安住四法，即身（離權勢等十事）、口（離說輕慢讚毀等語）、意（離嫉諂等過，修養自心）、誓願（發願令人住是法中，修攝自行）四安樂行，並說「輪王髻珠喻」以轉輪聖王髻中明珠罕見授人，來譬喻佛不輕易講說經中最尊最勝的《法華經》。

經文中的輪王比喻如來，髻喻二乘權教，珠喻一乘實理；珠在髻中，就如實理為權變所隱。這就是說，如來於法華會上開權顯實，授記二乘而得作佛，就像輪王解髻中之珠贈與功臣，以此為喻也。

爾時文殊師利法王子菩薩摩訶薩白佛言：「世尊！是諸菩薩，甚為難有，敬順佛故，發大誓願，於後惡世，護持讀說是法華經。世尊！菩薩摩訶薩於後惡世，云何能說是經？」

佛告文殊師利：「若菩薩摩訶薩，於後惡世欲說是經，當安住四法。一者、安住菩薩行處及親近處，能為眾生演說是經。

文殊師利！云何名菩薩摩訶薩行處？若菩薩摩訶薩住忍

文殊師利法王子對佛說道：「世尊！像這藥王、大樂說等菩薩，是非常難得的，他們敬重順從佛的教誨，而發下宏大的誓願，要在以後的五濁惡世中，護持、讀誦、宣說《妙法蓮華經》。世尊！這些大菩薩們在以後的五濁惡世中，應該怎樣宣說此經呢？」

佛對文殊師利說道：「這些大菩薩們在以後的五濁惡世中要宣說《妙法蓮華經》，應當**安住四種安樂行法**。第一，**要安住於菩薩所行之處及親近處，才能為眾生宣說此經**。文殊師利！什麼是大菩薩所行之處呢？如果菩薩安住忍辱行中，柔和善順而不暴躁，內心平穩而不驚懼；**雖行柔和忍辱之法而心無所行**（沒有執著修行的念頭），**如實觀見諸**

辱地，柔和善順而不卒暴，心亦不驚；又復於法無所行，而觀諸法如實相，亦不行不分別，是名菩薩摩訶薩行處。」

復次，菩薩摩訶薩觀一切法空，如實相，不顛倒、不動、不退、不轉，如虛空，無所有性。一切語言道斷，不生、不出、不起，無名、無相，實無所有，無量、無邊，無礙、無障，但以因緣有，從顛倒生故說。常樂觀如是法相，是名菩薩摩訶薩第二親近處。

法之空性實相，雖行而無行，於諸法平等不二，這就是大菩薩所行之處。」

其次，大菩薩如實觀見一切諸法本自空寂的實相，**不生顛倒分別妄想，正心如如不動，不退失正覺，不輪轉生死，如同虛空的無所有性，一切言語無法道盡，不生不滅，不出不入，不生起**（「起」為發展序列的開始），沒有名稱可以指代，也沒有形相可以描述，沒有實實在在的所有，但卻無量無邊，無障無礙，**一切諸法只是以因緣和合而假有，從顛倒分別心而妄生**，因而才能得以宣說，菩薩時常觀察這種真實的法相，**這就是大菩薩的第二種親近之處**。

爾時世尊欲重宣此義，而說偈言：

「若有菩薩，於後惡世，
無怖畏心，欲說是經，
應入行處，及親近處。
常離國王，及國王子、
大臣官長，兇險戲者，
及旃陀羅、外道梵志。
亦不親近，增上慢人，
貪著小乘、三藏學者，
破戒比丘，名字羅漢，
及比丘尼，好戲笑者，
深著五欲，求現滅度，

世尊為了再次宣明此義便又以偈頌說道：

「如果有菩薩於將來的五濁惡世中，欲以無所畏懼之心為眾生宣說《妙法蓮華經》，**就應該安住菩薩所行之處及親近之處**，遠離國王、王子、大臣、長官、兇殺色情的戲者、屠戶及修學外道之人，也不能親近未證言證的增上慢人、貪者小乘三藏經典的學者、不守戒律的比丘、假名的羅漢及好輕薄嬉戲的比丘尼，也不能親近深心貪著五欲享樂，而又希求現世獲得滅度的優婆塞、優婆夷，如果這些人懷著善意，為聽聞無上佛道而來到菩薩處，菩薩則應以無所畏懼之心為他們說法，但不要對他們心存希望。」

諸優婆夷，皆勿親近。
若是人等，以好心來，
到菩薩所，為聞佛道。
菩薩則以，無所畏心，
不懷悕望，而為說法。」

「又，文殊師利！如來滅後，於末法中欲說是經，應住安樂行。若口宣說、若讀經時，不樂說人及經典過。亦不輕慢諸餘法師，不說他人好惡、長短。於聲聞人，亦不稱名說其過惡，亦不稱名讚歎其美，又亦不生怨嫌之心。善修如是安樂心故，

「其次，文殊師利，在我滅度之後的末法時期中，要宣說《妙法蓮華經》，那就應當安住於安樂行門。若在宣說或讀誦《妙法蓮華經》時，不要說他人及其他經典的過失，也不要輕慢其他的法師，不說他人的好惡長短。對於聲聞乘人，不要指名說他的過失，也不要指名讚嘆他的優點，同時也不能對他生起怨恨及嫌棄之心，善能修持這樣的安樂心，所以聽法者也就不會有違逆之意，若有人質疑

諸有聽者不逆其意，有所難問，不以小乘法答，但以大乘而為解說，令得一切種智。」

爾時世尊欲重宣此義，而說偈言：

「菩薩常樂，安隱說法，
於清淨地，而施床座。
以油塗身，澡浴塵穢，
著新淨衣，內外俱淨，
安處法座，隨問為說。
若有比丘，及比丘尼，
諸優婆塞，及優婆夷，
國王王子、群臣士民，

責難，不要以小乘教法來回答，而應以大乘佛法為他們解說，使他們證得一切種智。」

世尊為了再次宣明此義便又以偈頌說道：

「菩薩常常樂於安穩地為眾生說法，為此他們應該在清淨之地，安置法床、法坐，沐浴洗淨全身的塵垢，並以香油塗抹全身，穿上新製乾淨的衣服，使裡外都十分潔淨，然後安穩地坐在法座之上，如果有比丘、比丘尼、優婆塞、優婆夷、國王、王子、群臣、百姓前來問法，和顏悅色地為他們講說精微的妙義。如果有聲聞人質疑責難，則隨順大乘義理，以種種的因緣、譬喻為他們分別開示，用以微妙義，和顏為說。
若有難問，隨義而答，
因緣譬喻，敷演分別。
以是方便，皆使發心，
漸漸增益，入於佛道。
除嬾惰意，及懈怠想，
離諸憂惱，慈心說法。
晝夜常說，無上道教，」
「譬如強力，轉輪之王，
兵戰有功，賞賜諸物，
象馬車乘，嚴身之具，
及諸田宅，聚落城邑，
或與衣服，種種珍寶，

這種方便使他們發起希求大乘之心，漸漸增益，最終入於無上佛道，從而滅除他們的懶惰之意及懈怠之想，遠離一切憂悲苦惱，以慈悲心教為他們說法，夜以繼日地演說無上佛道的教理。」

「譬如力量強大的轉輪聖王，見到立下戰功的眾兵，便歡喜地賜予象車、馬車等可以莊嚴身體的器具，及田地房屋、村落、城鎮、衣服、珍寶、奴婢、財物，如果有勇敢強健的將士，完成了艱難之事，轉輪聖王就解下髮髻中的明珠，賜予這位勇奴婢財物，歡喜賜與。
如有勇健，能為難事，
王解髻中，明珠賜之。
如來亦爾，為諸法王，
忍辱大力，智慧寶藏，
以大慈悲，如法化世。
見一切人、受諸苦惱，
欲求解脫，與諸魔戰。
為是眾生，說種種法，
以大方便，說此諸經。
既知眾生，得其力已，
末後乃為，說是法華。
如王解髻，明珠與之。」

將。

如來也是這樣，在一切諸法中為法王，具有忍辱的大力及智慧寶藏，以大慈悲如法化度世間眾生，見一切眾生時時感受到病苦和煩惱，為求解脫而與群魔作戰，於是便為這些眾生宣說種種佛法，以無數善巧方便演說無量經典，當見到眾生得受法益具足大乘根力後，才為他們宣說《妙法蓮華經》，就如同轉輪聖王解下髮髻中的寶珠，賜予勇猛善戰的將士一樣。」

從地涌出品第十五

地涌菩薩於世尊滅後護法

於世尊在無量劫前早已成佛，
已經度化無邊眾生，
從這一品開始即是本門，
所談皆是真實。

【釋題】

自本品起至最末品屬於「本門」部分。妙法蓮華經共有二十八品。前十四品（序品第一至安樂行品第十四）是說一乘之因，中心思想是「開三顯一」、「開權顯實」，後十四品（從地涌出品第十五至普賢菩薩勸發品第二十八）是說一乘之果，中心思想是「開近顯遠」、「顯壽長遠」。因此從這一品開始即是本門，所談皆是真實。

【要義】

本品敘述八恆河沙他方國土的菩薩，向世尊發願要在娑婆世界護持此經，世尊回應說不需要，無量無邊大菩薩，住在下方世界虛空中，他們從地下湧出，這些法身大士在往昔時，曾經為釋迦牟尼佛的弟子，於世尊滅後，他們都來弘揚、護持《法華經》。這些菩薩過去從未見過，大眾非常疑惑，世尊成道至今四十多年，如何能教化這麼多、無法計數的菩薩？就像「父少子老」令人難以相信。敘述如來久遠成佛、常住不變的思想是最根本、真實的道理。此為佛開顯「久遠實成」佛果的序曲。

爾時佛告諸菩薩摩訶薩眾：「止，善男子！不須汝等護持此經。所以者何？我娑婆世界自有六萬恒河沙等菩薩摩訶薩，一一菩薩各有六萬恒河沙眷屬，是諸人等，能於我滅後，護持、讀誦、廣說此經。」

佛說是時，娑婆世界三千大千國土地皆震裂，而於其中，有無量千萬億菩薩摩訶薩同時踊出。是諸菩薩，身皆金色，三十二相，無量光明，先盡在此娑婆世界之下、此界虛

這時，佛告訴諸位菩薩、大菩薩說：「不必！各位善男子，你們不需要護持這部經典。為什麼呢？因為我娑婆世界已經有六萬恆河沙數那樣多的菩薩、大菩薩，每一位菩薩又各有六萬恆河沙數那麼多的眷屬（弟子），這些人能在我滅度之後，護持、讀誦、廣泛演說這部《妙法蓮華經》。」

釋迦牟尼佛說此話時，娑婆世界三千大千國土上，大地全都震動開裂了，從裂縫中，**同時湧出了無數千萬的菩薩、大菩薩**。從地湧出這些大菩薩，他們的身上都是金色，具足三十二種殊妙之相，身放無量光明。他們原先都住在這個娑婆世界之下的虛空之中。這些菩薩聽釋迦牟尼佛說法的音聲，

空中住。是諸菩薩，聞釋迦牟尼佛所說音聲，從下發來。一一菩薩皆是大眾唱導之首，各將六萬恒河沙眷屬；況將五萬、四萬、三萬、二萬、一萬恒河沙等眷屬者；況復乃至一恒河沙、半恒河沙、四分之一、乃至千萬億那由他分之一；況復千萬億那由他眷屬；況復億萬眷屬；況復千萬、百萬、乃至一萬；況復一千、一百、乃至一十；況復將五、四、三、二、一弟子者；況復單己，樂

便從下面一涌而出。他們每一個人都是教化眾生的導師，各自率領六萬恆河沙數的眷屬，有的率領五萬、四萬、三萬、二萬或一萬恆河沙數眷屬；還有的則只率領了一恆河沙數或者半條恆河沙數、四分之一恆河沙數、直至千萬億兆分之一恆河沙數的眷屬，還有一些菩薩的眷屬有千萬億兆，億萬、千萬、百萬、直至一萬；另一些菩薩則只帶了五個、四個、三個、二個、或一個弟子。當然也有那些單身獨行、樂於遠離（「樂遠離行」，即修頭陀的行為）的菩薩，他們則沒有眷屬。總之，**從地中湧出的菩薩及其眷屬，其數量沒有邊際，以各種算數數之，各種譬喻譬之，都是不能知曉準確的數目。**

遠離行。如是等比，無量無邊，
算數譬喻所不能知。

爾時世尊說此偈已，告彌勒菩薩：「我今於此大眾，宣告汝等。阿逸多！是諸大菩薩摩訶薩，無量無數阿僧祇，從地踊出，汝等昔所未見者，我於是娑婆世界得阿耨多羅三藐三菩提已，教化示導是諸菩薩，調伏其心，令發道意。此諸菩薩，皆於是娑婆世界之下、此界虛空中住；於諸經典，讀誦通利，思惟分別，正憶念。阿逸多！是諸善男子等，不樂在

釋迦牟尼佛說完如上偈語之後，告訴彌勒菩薩說：「我現在於此法會中，對你們這些參加法華盛會的所有大眾宣告。阿逸多啊，這些無量無數的大菩薩，從地下一涌而出，你們大家在往昔的時候從未見過。是我在這個娑婆世界證得無上正等正覺之後，教化、指導這些菩薩，調伏其心，使他們發下了求證無上妙道的誓願。這些菩薩都居住在娑婆世界的下方，即十方世界中的下方世界的虛空中，他們對於一切佛經，或讀或誦，非常流利，並在此基礎上，審慎思索分析，正確地回憶。阿逸多啊！這些善男子們不喜歡在大眾喧嚣的地方有所多說，經常樂於在清幽寂靜的地方精進修行，一刻不息。他

眾多有所說；常樂靜處，懃行精進未曾休息；亦不依止人天而住。常樂深智，無有障礙，亦常樂於諸佛之法，一心精進，求無上慧。」

爾時世尊欲重宣此義，而說偈言：

「阿逸汝當知！是諸大菩薩，
從無數劫來，修習佛智慧，
悉是我所化，令發大道心。
此等是我子，依止是世界，
常行頭陀事，志樂於靜處，
捨大眾憒鬧，不樂多所說。

們既不住於天上，也不住於人間，他們總是喜歡深奧的智慧，沒有任何障礙。對於諸佛之法，他們也樂於修習諸佛的一乘教法，一心精進不息，以求獲證至高無上的智慧。」

這時，釋迦牟尼佛為了重宣此義，便以偈語形式說道：「阿逸多啊，你們應當知道，這些大菩薩從遠古時代以來，就一直修習佛的智慧。他們都是經過我的教化而發下了上求佛道的大願。他們就像我的兒子一樣，總是離不開這個世界。**他們常修頭陀行（苦行），安於寂靜，遠離大眾的昏昧與吵鬧，沉默寡言，一心修道。這些弟子為了求證無上的佛道，晝夜六時，精進不息地學習我的道法。他們住在這個娑婆的下方虛空中，意志和信念十分堅定，**

如是諸子等，學習我道法，
晝夜常精進，為求佛道故，
在娑婆世界，下方空中住。
志念力堅固，常懃求智慧，
說種種妙法，其心無所畏。
我於伽耶城，菩提樹下坐，
得成最正覺，轉無上法輪。
爾乃教化之，令初發道心，
今皆住不退，悉當得成佛。
我今說實語，汝等一心信，
我從久遠來，教化是等眾。」

譬如少壯人，年始二十五，
示人百歲子，髮白而面皺，

恆常勤求佛的智慧，演說種種微妙之法，內心沒有任何畏懼。我在摩揭陀國伽耶城的一棵菩提樹下靜坐，證得至高無上的聖智，成為如來世尊，此後開始轉無上法輪，弘揚佛法，那時，我便教化這些人，使他們發下了求證佛道的誓願。而今，他們都達到了不退轉的修行階位，未來都將證果成佛。我今天所說的都是真實之語，你們應當一心信受，相信我從久遠以來，就一直教化這些菩薩大眾。」

譬如有個年少力壯的人，年紀剛剛二十五歲，可他卻指著一位鬢髮花百，滿面皺紋的百歲老人，是等我所生；子亦說是父。
父少而子老，舉世所不信。

世尊亦如是，得道來甚近。
是諸菩薩等，志固無怯弱，
從無量劫來，而行菩薩道，
巧於難問答，其心無所畏，
忍辱心決定，端正有威德，
十方佛所讚。善能分別說，
不樂在人眾，常好在禪定，
為求佛道故，於下空中住。
我等從佛聞，於此事無疑，
願佛為未來，演說令開解。

說是他的兒子；而那位百歲的老人也說，年輕人就是自己的父親。**這等父少子老的事情，全世界的人都不會相信的。**

世尊也是如此，得道成佛以來並沒有多少時間，而這些菩薩，志向堅強，毫不怯弱，他們從久遠的年代開始，就修行菩薩道，善巧答問，心無畏懼，忍辱頑強，相貌端正，道德高尚，受到過十方諸佛的稱讚。他們善於分別說一切法，不喜歡在鬧市人群中，而喜歡坐禪入定，為了求得佛道，他們居住於下方世界的空中，我們親耳聽佛講說，對此事不應有懷疑，但為了未來的眾生對此能夠理解，請佛演說其中的道理。

如來壽量品第十六

醫子喻

佛是永恆長存、不生不滅的，
為了使眾生產生佛法難遇之想，
佛以醫子喻，
說明他善巧方便的來去以鼓勵眾生入道修行。

【釋題】

「如來」是佛的十號之一。〈如來壽量品〉說釋迦如來既於久遠之昔成佛，其壽量無數無量不可思議，此稱為開跡顯本，顯久遠實成之本身也。

【要義】

「久遠釋迦」是〈如來壽量品〉的中心思想，世尊揭示自己非於今世成佛，而是久遠前即已成佛，之間皆為方便示現（報身所現的應身），佛的壽命無量，是為了實踐菩薩道。

佛陀又以「良醫救子喻」說明佛法之教化方便，此喻便是以良醫之「假死」比喻佛陀之示現寂滅，藉以讓眾生警惕，修習佛道。此品說明佛「壽命、教化、慈悲、救濟」之無量。

然，善男子！我實成佛已來無量無邊百千萬億那由他劫。譬如五百千萬億那由他阿僧祇三千大千世界，假使有人末為微塵，過於東方五百千萬億那由他阿僧祇國乃下一塵，如是東行，盡是微塵。諸善男子！於意云何？是諸世界，可得思惟校計知其數不？

彌勒菩薩等俱白佛言：「世尊！是諸世界，無量無邊，非算數所知，亦非心力所及；一切聲聞、辟支佛，以無漏智，

但是，善男子們，我實實在在成佛以來，已過了無量無邊百千萬億兆劫的時間。舉個例子來說，譬如有五百千萬億兆阿僧祇數那麼多的大千世界，假使有人將這麼多的世界全部磨碎為微塵，然後又拿著這些微塵一直向東方走，經過五百千萬億兆阿僧祇（無量數）那麼多的國家，便扔下一粒微塵，這樣一直向東走，直到把這些微塵扔完。各位善男子！在你們看來，這下所涉及的世界究竟有多少？你們能用思惟，可以用算術算出確實的數目嗎？

彌勒菩薩及一切菩薩，同時對佛說：「世尊！這些世界無量無邊，不是用算術所能算得出來的數目，也不是一般人的心思和能力所能想像得到。一切聲聞乘和緣覺乘的修行者，以其斷盡煩惱的無漏

不能思惟知其限數；我等住阿惟越致地，於是事中亦所不達。世尊！如是諸世界，無量無邊。」

爾時佛告大菩薩眾：「諸善男子！今當分明宣語汝等。是諸世界，若著微塵及不著者，盡以為塵，一塵一劫，我成佛已來，復過於此百千萬億那由他阿僧祇劫。自從是來，我常在此娑婆世界說法教化，亦於餘處百千萬億那由他阿僧祇國

智來思惟，也不能知道這些世界的數目。我們這些菩薩乘的修行者雖然已達到了不退轉的階位（不退於二乘的果位），但對這些世界的數目也是不能了達的。世尊！像您說的，這麼多世界，的確是沒有數量也沒有邊際的啊！」

這時，釋迦牟尼佛告訴諸菩薩說：「各位善男子，我現在應當對你們明確宣示，所有這些世界，不論它投有一粒微塵，還是未投有一粒微塵，再把這麼多的世界，統統都把它們磨成為微塵。假若一粒微塵代表一劫那麼長的時間，那麼，我自成佛以來所經過的時間，已經超過這個數目，比這個數目都多了不止百千萬億兆阿僧祇劫，這麼長的時間。自從那個時候以來，我常在這個娑婆世界說法

導利眾生。」

「譬如良醫，智慧聰達，明練方藥，善治眾病。其人多諸子息——若十、二十乃至百數，以有事緣，遠至餘國。諸子於後，飲他毒藥，藥發悶亂，宛轉於地。是時其父還來歸家，諸子飲毒，或失本心、或不失者，遙見其父，皆大歡喜，拜跪問訊：『善安隱歸。我等愚癡，誤服毒藥，願見救療，更

教化，**我不單在這個娑婆世界來說法教化眾生，在其他的世界，我也給一般的眾生來說法。**在百千萬億兆阿僧祇數那麼多的國土內教導、利益眾生。」

「舉例來說，譬如有一位良醫，睿智聰穎，熟悉各種方藥，善治各種疾病。這個醫生有很多小孩，比方說十個、二十個或者甚至上百個子女。（十，表示「十地菩薩」。二十，表示「聲聞、緣覺」二乘。百，表示「十法界」，也就表示「十如是」，這個法界變成百數。）這位良醫因某些事情而到其他國家去，這些小孩子隨後就把毒藥當作糖水給喝了。毒藥發作不好受，就悶亂發狂、在地上打滾。正在這時，他的父親從遙遠的外國回到家中，這些兒子已經中了毒，有的已失去了知覺，毒得什麼也

賜壽命。』父見子等苦惱如是，依諸經方，求好藥草，色香美味皆悉具足，擣篩和合與子令服，而作是言：『此大良藥，色香美味皆悉具足，汝等可服，速除苦惱，無復眾患。』其諸子中不失心者，見此良藥、色香俱好，即便服之，病盡除愈。餘失心者，見其父來，雖亦歡喜問訊，求索治病，然與其藥而不肯服。所以者何？毒氣深入，失本心故，於此好色香藥而謂不美。

不知道了，有的還算清醒。他們遠遠望見父親之後，都感到非常高興，於是跪拜在地，向父親問候道：『父親，您平安歸來，我們太無知了，不小心把毒藥給吃了，請父親給我們救療，把我們壽命再延長一點。』父親看見自己的孩子們都中毒了，所以就非常的苦惱，趕緊依據醫經中的方法尋求解毒最好的藥草，既顏色好看，又味道甜美，可謂色、香、味俱全，把藥材搗碎了，又用篩子篩一篩（表示用種種的法，來教化這二乘的人，令他們都由阿含，經過方等、般若。在般若的時候，就等於「擣篩和合」），囑孩子們服用。對孩子們說：『這個藥可非常好了！看著也好看，味道又非常香、非常甜，你們把這些藥草服下，即可速除病痛，不會再

父作是念：『此子可愍，為毒所中，心皆顛倒。雖見我喜，求索救療；如是好藥而不肯服。我今當設方便，令服此藥。』即作是言：『汝等當知！我今衰老，死時已至，是好良

有任何危險。』他的兒子們當中，有些人神志清醒，看見這般色香俱好的良藥，便立即服了下去，他們的病痛便痊癒了。但那些中毒太深業已昏昧的兒子，看見父親回來，雖也歡喜問安，求父治病，可是，父親給他們的解毒藥，他們卻不肯服下。為什麼呢？因為毒氣深入，使其原本清醒的心識喪失了，對於這種色香味美的好藥，卻不認為是好藥。

這位父親心想：『這些兒子真是可憐，他們中毒太深，理性已經迷亂顛倒，所以，雖然看見我回來也很高興，也求我治病救命，但我給他們配出這麼好的藥，他們卻不肯服下。』看來，**我現在只好採取方便權宜之法，使他們服下此藥**。於是，這位父親就對兒子們說：『你們應當知道，我如今已經

藥，今留在此，汝可取服，勿憂不差。』作是教已，復至他國，遣使還告：『汝父已死。』是時諸子聞父背喪，心大憂惱而作是念：『若父在者，慈愍我等，能見救護，今者捨我遠喪他國。』自惟孤露，無復恃怙，常懷悲感，心遂醒悟，乃知此藥色味香美，即取服之，毒病皆愈。其父聞子悉已得差，尋便來歸，咸使見之。

老了，身體衰弱，死期已到。這些上好的良藥，留給你們，可以取而服之，不要擔憂這病不會痊癒。』留下這番教誨之後，這位父親又到其他國家去了，接著他又派一位使者回來，對兒子們說：『你們父親已經去世了。』這時，孩子們聽說自己的父親死於他鄉，心中十分憂傷，心想：『若父親在世，他老人家慈悲為懷，憐憫我們，我們能夠得到他的救護。如今，他老人家撇下了我們，命喪他鄉。』如此孤苦零仃，再也沒有依靠了。兒子們因為心中悲傷，感嘆不已，反而慢慢地清醒過來，覺悟到父親所留之藥，色香味俱全，於是拿來服下，所中之毒就都治好了。他們的父親聽說孩子們都已痊癒，便立即從國外歸來，使孩子們又全都見到了自己的父親。

時我及眾僧，俱出靈鷲山，
我時語眾生：『常在此不
滅，
以方便力故，現有滅不
滅。』
餘國有眾生，恭敬信樂者，
我復於彼中，為說無上法。
汝等不聞此，但謂我滅度。
我見諸眾生，沒在於苦惱，
故不為現身，令其生渴仰，
因其心戀慕，乃出為說法。
神通力如是，於阿僧祇劫，
常在靈鷲山，及餘諸住處。

這時，我與一切僧眾一起出現於靈鷲山的法會中，我對眾生說：『我常常在這個靈鷲山，來為眾生說法，並沒有入滅。因為以方便權巧這種方法的緣故，所以有時示現滅度、有時示現不滅度。』在其他國土中有些眾生以恭敬心信仰佛法，我在他們之中演說無上妙法。你們沒聽說過這種事情，只認為我滅度了。我看見所有眾生沉沒於苦海之中，所以不為他們示顯身相，使他們生起渴望與敬仰。因為他們內心對佛產生了戀慕，所以我才現身為他們說法。我具有如此神通之力，在阿僧祇數那麼漫長的歲月中，一直住在靈鷲山和其他各種住處，眾生看見這一切的由眾生瞋恨火而發生的災劫，在發生大火的時候，**我這個靈鷲山，和其他我所住的地**

眾生見劫盡，大火所燒時，
我此土安隱，天人常充滿。
園林諸堂閣，種種寶莊嚴，
寶樹多花菓，眾生所遊樂。
諸天擊天鼓，常作眾伎樂，
雨曼陀羅花，散佛及大眾。
我淨土不毀，而眾見燒盡，
憂怖諸苦惱，如是悉充滿。

是諸罪眾生，以惡業因緣，
過阿僧祇劫，不聞三寶名。
諸有修功德，柔和質直者，
則皆見我身，在此而說法。

方，都安穩，不會被這三災所害。我所住的地方，天人等眾生常常都充滿，有很好的花園、樹林子，和一切的堂、閣，用種種七寶來莊嚴，寶樹所結的花果也非常繁盛，眾生在此間遊樂，天人常擊響天鼓，天鼓鳴空，常常地在這兒給佛作伎樂。在天上散下曼陀羅花在佛和大眾上，來供養大眾。我這個常寂光淨土，永遠都不會毀壞的，而眾生被自己這種煩惱的見給燒盡了，故而充滿了憂愁、恐怖等苦惱之情。

這些眾生因為有往昔的惡業因緣，所以，經過無量無數的漫長歲月，也聽不到佛、法、僧三寶的名號。一切修行而有功德的人，其性情柔和率直，這些人都可見到我的佛身在此說法。有的時候，我

或時為此眾，說佛壽無量，
久乃見佛者，為說佛難值。
我智力如是，慧光照無量，
壽命無數劫，久修業所得。
汝等有智者，勿於此生疑，
當斷令永盡，佛語實不虛。
如醫善方便，為治狂子故，
實在而言死，無能說虛妄。
我亦為世父，救諸苦患者，
為凡夫顛倒，實在而言滅。
以常見我故，而生憍恣心，
放逸著五欲，墮於惡道中。
我常知眾生，行道不行道，

為這些眾生說佛壽命無量，對於長久見佛的眾生說佛難遇到。我的智力就是這樣，智慧之光能照耀到無邊的地方。我的壽命有無量劫那麼長久，這都是長期修持善業的果報。

你們都是有智慧的菩薩，切勿對此產生懷疑，應當將懷疑心斷盡，相信佛語真實不虛。**就好像那位良醫，善於使用方便法門，為了救治癲狂的兒子，雖然自己確實在世，但卻說自己死了，這不能說他打了妄語，我也是世人的父親，所以想救度這一切受苦受難的眾生。**因為凡夫顛倒妄想，所以，儘管我確實在世，但卻說是滅度了。這些眾生因為經常看見我的緣故，產生了種種驕傲、縱恣之心，從而貪著於五欲，將墮落於地獄、餓鬼、畜生等三惡隨所應可度，為說種種法。
每自作是意，以何令眾生，
得入無上慧，速成就佛
身。」

道之中。我知曉眾生心之所念，知道誰或者修行和不修行，所以，**我能隨各人的情況，根據其應該能夠救度的方式，為他們說各種不同的佛法**。因此，我經常這樣想，用什麼方法來教化眾生，使眾生得入無上佛道，很快成就佛的法身呢？」

分別功德品第十七

一念信解即具無量的功德

聽聞前品佛陀壽量無邊而深信的大眾無數，
各自都得到很大的利益、不同程度的功德。

【釋題】

「分別」，「分」是分析；「別」是辨別。「功德」，「功」是對外而言；「德」是對內而言。「功」就是功行，就是行持，指的是透過聞思修所學落實於生活；「德」就是果，雖有世間果與出世間果之別，但兩者果德不二。這一品令我們分別比較受持此經的功德。

【要義】

聽聞前品佛陀壽量無邊而深信的大眾無數，各自都得到很大的利益、不同程度的功德。信受《法華經》、深心信解、隨喜、受持、讀誦、教人抄寫，能得到無量的功德。

爾時彌勒菩薩從座而起，偏袒右肩，合掌向佛，而說偈言：

「佛說希有法，昔所未曾聞，
世尊有大力，壽命不可量。
無數諸佛子，聞世尊分別，
說得法利者，歡喜充遍身。
或住不退地，或得陀羅尼，
或無礙樂說，萬億旋總持。
或有大千界，微塵數菩薩，
各各皆能轉，不退之法輪。
復有中千界，微塵數菩薩，
各各皆能轉，清淨之法輪。

在這個時候，彌勒菩薩從座位站起來，身披袒露右肩的袈裟，向釋迦牟尼佛合掌致禮，然後以偈頌格式說道：「佛所說的法，都是希有之法。尤其是《妙法蓮華經》，乃是希有中之希有，我過去從未聽過。世尊有巨大的神通力，壽命不可計量。無數佛弟子聽到世尊分別講說獲得法利益的情況，渾身上下都充滿了歡喜之情。聽到這種妙法之後，一些菩薩住進不退轉的修行階位，有的菩薩得到了陀羅尼門，有的菩薩獲得了無礙樂說的才能，或者得萬億旋轉總持的法門（「萬億」意指在每一個法，能夠再延生到無量無數。法很多，應天下無量數事理的法，而不論什麼樣的事相、理行，都可以證得無礙樂說，這種互旋、互持的陀羅尼門），或者有

復有小千界，微塵數菩薩，
餘各八生在，當得成佛道。
復有四三二，如此四天下，
微塵諸菩薩，隨數生成佛。
或一四天下，微塵數菩薩，
餘有一生在，當成一切智。
如是等眾生，聞佛壽長遠，
得無量無漏，清淨之果報。
復有八世界，微塵數眾生，
聞佛說壽命，皆發無上心。
世尊說無量，不可思議法，
多有所饒益，如虛空無
邊。」

大千世界微塵數那樣多的菩薩，皆能轉動不退轉的法門。又有中千世界微塵數那樣多的菩薩，皆能轉動清淨的法輪。還有小千世界微塵數的菩薩，他們尚有八次轉生，就可最終證成佛果。還有四組、三組、二組四部洲微塵數的菩薩也尚餘四次、三次、二次轉生之後，便可最終證成佛智而成佛。另有一組四部洲微塵數的菩薩由此只剩下一生即可證成佛智而成佛。以上所說的**這些菩薩，聽到佛說如來壽命長久，故而得到了無量無數的清淨果報**。此外還有八個世界微塵數那麼多的眾生，聽到佛說如來壽命長久之後，都發下了求證無上佛智的誓願。世尊，您說這極其不可思議的佛法，有很多的眾生從中得到法的利益，猶如虛空一樣無邊無際。」

爾時佛告彌勒菩薩摩訶薩：「阿逸多！其有眾生，聞佛壽命長遠如是，乃至能生一念信解，所得功德，無有限量。若有善男子、善女人，為阿耨多羅三藐三菩提故，於八十萬億那由他劫，行五波羅蜜——檀波羅蜜、尸羅波羅蜜、羼提波羅蜜、毘梨耶波羅蜜、禪波羅蜜——除般若波羅蜜，以是功德比前功德，百分、千分、百千萬億分、不及其一，乃至算數譬喻所不能知。若善男子、

在這個時候，釋迦牟尼佛對彌勒大菩薩說：「阿逸多啊！**若有眾生聽說如來世尊的壽命如此長久，能在一念之中，產生信奉理解的心意，那麼，他所獲得的功德就沒有限量了。**如果有善男子和善女子為求無上正等正覺的緣故，在八十萬億那由他劫之中，所修行五種波羅蜜（意即「到達彼岸」。就是從生死的此岸，經過煩惱的中流，而達到涅槃的彼岸）。五種波羅蜜即：布施波羅蜜、持戒波羅蜜、忍辱波羅蜜、精進波羅蜜、禪定波羅蜜，不包括第六種以智慧度彼岸的般若波羅蜜。（若有般若，就有成佛的機會。現在講的是功德，不是講成佛，所以不講般若。）**修這五種波羅蜜，所得到的功德與聽聞如來壽命長久而一念間產生信解所得到的功德相比，此功德的百分、千分、甚至百千萬億**

善女人，有如是功德，於阿耨多羅三藐三菩提退者，無有是處。」

若有信解心，受持讀誦書，
若復教人書，及供養經卷，
散華香末香，以須曼瞻蔔、
阿提目多伽，薰油常燃之。
如是供養者，得無量功德，
如虛空無邊，其福亦如是。
況復持此經，兼布施持戒，
忍辱樂禪定，不瞋不惡口，
恭敬於塔廟，謙下諸比丘，

分不及彼功德的一分，就是用算數來推算，用譬喻來形容，均無法探知彼功德的巨大程度。如果善男子、善女子具備了這樣的功德，卻無法證得無上正等正覺，是絕對不可能有這種事情的。」

假使有人**對如來壽量品，發起信解心**，或者自己**受持、讀誦、解說、書寫、流通**，或者**又教人書寫**，以及**供養此經卷**，以散鮮花、妙香、末香。並以須曼花（梵語 sumanas，巴利語 sumana>。乃肉荳蔻之一種。屬灌木，花為黃白色，有香氣。）、瞻蔔花（梵名 campaka-pus-pa，是灌頂、獻曼達、供養時，獻給本尊壇城常用的一種乾燥花，顏色白中偏黃，像有兩個透明翅膀一樣，中間的種子很薄，也被稱為黃金花。）、阿提目多伽（梵語 atimuktaka。一般歸屬於蔓草類。開白色或赤色之

樹，

遠離自高心，常思惟智慧，
有問難不瞋，隨順為解說，
若能行是行，功德不可量。
若見此法師，成就如是德，
應以天華散，天衣覆其身，
頭面接足禮，生心如佛想。
又應作是念：『不久詣道
得無漏無為，廣利諸人
天。』
其所住止處，經行若坐臥，
乃至說一偈，是中應起塔，
莊嚴令妙好，種種以供養。

花，甚為芳香，種子可提煉香油。）等花製油，在《法華經》所在地，燃燈薰之。**像這樣的供養，能得到無量的功德，好像虛空一樣，沒有邊際**。所獲得的福德，也是沒有邊際。見到塔也恭敬，見到廟也恭敬，對於比丘也恭敬而謙下，沒有增上慢的心理，遠離貢高我慢的行為。常常思惟智慧，不可思惟愚癡。修行人就是修智慧。有了智慧，一切煩惱迎刃而解。斷盡煩惱，得到解脫。何況有人能在受持引經的同時，兼行布施、持戒、忍辱、精進、禪定、這五種波羅蜜法門，對一切眾生不生瞋怒心，不惡言相加，見到塔及廟恭敬，對比丘也恭敬謙下，遠離妄自尊大的心理，時常體悟佛的智慧。**遇到有人質問責難，也不發怒，隨順種種因緣，詳細為其解說**。若能如此修行，所得的功德無可限量。

佛子住此地，則是佛受用，
常在於其中，經行及坐臥。

遇見成就如此功德的法師，就應以天花、天衣散向其身。假使見到講經說法的法師，成就這樣的功德，應以天花、天衣散向其身來供養，以天衣覆蓋在法師的身上。對這位法師，要五體投地的頂禮，心生如恭敬佛一樣的觀想。心中還應這樣想：「這位法師，不久將來就到菩提樹下，證得無漏清淨微妙的智慧，並將為所有的天神和人類帶來益處。」**在他所住的地方、散步的地方、坐臥的地方，甚至在他只說過一句經文的地方，都應該建起寶塔，並以各種方法裝飾，使其非常美麗莊嚴，用各種供物供養此塔，以示恭敬。**這位法師作為佛的弟子，住在這裡，如同佛一樣享受這裡的一切，在這裡散步、打坐、安臥，都不離開這個道場。

隨喜功德品第十八

閩經隨喜並為他人說其福無量

如果有人為這部經而前去聽了一下，
或是勸其他人坐下來聽、或是邀約別人一起去聽，
都能得到很大的功德。

【釋題】

「隨」是「隨順」，隨事隨理，隨權隨實。「喜」是「喜慶」，慶因慶果，慶幸奉行佛法、弘揚佛法。隨喜可說是見他人行善，隨之心生歡喜。若說一念隨喜時，謂聽聞佛法之時，生起信仰、歡喜之一念，然後能發起善根，開始學習佛法。此品闡揚佛陀滅度後，聞《法華經》而隨喜者，其功德廣大。略稱隨喜品。

【要義】

本品是〈分別功德品〉的延續。此品說聞經隨喜並為他人說，其福無量。以此隨喜功能，與上品持經功德，以彰顯持經功德的殊勝。

佛告訴彌勒菩薩，釋迦牟尼佛涅槃之後，如果有人聽到《法華經》，而心生隨喜之後，離開法會就把他所聽到的《法華經》告訴他人，功德當然大得無法比喻。這些聽到他說《法華經》的人也生起隨喜心，隨喜轉教他人，他人聞已，又亦隨喜轉教他人，輾轉地到了第五十個人，這第五十個人的隨喜功德，也是極多極大。僅勸一人前往聽經，就有如此殊勝功德，何況能夠一心聽說、讀、誦，而於大眾之中，為之廣說分別，並且自己也能如說修行的功德，當然是無量無邊了。

若人於法會，得聞是經典，
乃至於一偈，隨喜為他說，
如是展轉教，至於第五十，
最後人獲福，今當分別之。
如有大施主，供給無量眾，
具滿八十歲，隨意之所欲。
見彼衰老相，髮白而面皺，
齒踈形枯竭，念其死不久，
我今應當教，令得於道果。
即為方便說，涅槃真實法，
世皆不牢固，如水沫泡焰，
汝等咸應當，疾生厭離心。
諸人聞是法，皆得阿羅漢，

假使有人在法會之中，得聞妙法蓮華經，甚至只是一句，從而隨順其義，欣喜地向他人講說，如此輾轉傳授，至第五十人時，那個人所獲得的福報如何？我現在為你們分別說明。

例如有位大施主，他用種種財物來布施，供給無量無數的眾生，已經有八十多年的時間，他隨順眾生的需要，滿他們的心願。這位大施主，見這些眾生已經衰老，頭髮白了，面有皺紋，牙齒脫落，形體枯竭，心想他們離死不遠了，我現在應當教化他們，使他們證得道果。於是，就以方便法門為這些眾生演說獲證涅槃的真實之法，告訴眾生世間的一切都是不牢固的，就像水上的泡沫、大地的陽焰似的，轉瞬即逝，你們都應當趕緊生厭離之心。這具足六神通，三明八解脫。
最後第五十，聞一偈隨喜，
是人福勝彼，不可為譬喻。
如是展轉聞，其福尚無量，
何況於法會，初聞隨喜者。

些眾生聽到這種說法以後，都獲得阿羅漢的果位，他們都具足六種神通（天耳通、天眼通、他心通、宿命通、漏盡通、神足通）、三明（天眼明、宿命明、漏盡明）和八解脫（一、內有色想觀外色解脫　二、內無色想觀外色解脫　三、淨解脫身具足住解脫　四、空無邊處解脫　五、識無邊處解脫　六、無所有處解脫　七、非想非非想處解脫　八、滅受想定解脫）。上述第五十位聽聞《法華經》的人，哪怕他只聽了一句，只要能隨順經義，歡喜信奉，那麼，他的功德比這位八十年中供養眾生並說法教化眾生獲得羅漢果所得的福德還要更大，甚至大得不可譬喻。如此輾轉得聞《法華經》者的福德尚且無邊無量，何況於法會中最初聽聞後隨順經義而歡喜信奉者，其福德就更大了。

若有勸一人，將引聽法華，
言此經深妙，千萬劫難遇，
即受教往聽，乃至須臾聞，
斯人之福報，今當分別說。
世世無口患，齒不疎黃黑，
脣不厚褰缺，無有可惡相，
舌不乾黑短，鼻高修且直，
額廣而平正，面目悉端嚴，
為人所喜見，口氣無臭穢，
優鉢華之香、常從其口出。
若故詣僧坊，欲聽法華經，
須臾聞歡喜，今當說其福。
後生天人中，得妙象馬車，

假使有人能勸說一個人，帶領著他來聽《法華經》，對他說，這《妙法蓮華經》是最深最妙的，一千個大劫、一萬個大劫，也不容易遇著的經典。那人便接受教誨，跟他一同去聆聽，哪怕只聽很短的時間，這人有福德果報，我（釋迦牟尼佛）現在分別來給你（彌勒菩薩）詳細地講一講。此人以後，生生世世沒有口腔疾病，牙齒不鬆疏，不黑不黃，嘴唇不肥厚，不縮不缺，沒有令人厭惡的相狀。舌頭不乾燥，不發黑，不短小；鼻子又高又直，額頭又寬又平，面目無不端莊俊美，人見人愛。口中無臭氣，常放優鉢花的香味。假使有人想聽《法華經》，專門到僧院中去，就是在很短的時間內聽聞，從而歡喜信受，現在來講講此人的福報。此人來世

珍寶之輦輿，及乘天宮殿。
若於講法處，勸人坐聽經，
是福因緣得，釋梵轉輪座。
何況一心聽，解說其義趣，
如說而修行，其福不可量。

轉生天界或人間，能獲得非常美妙的大象、駿馬、車乘或珍寶製成的帝王輦輿（人抬的車），還可乘坐自由往來的天神宮殿。如果能在講經說法的地方勸人坐下來一同聆聽，由於這種福德的緣故，來世得以往生到帝釋、梵王和國王的寶座上，何況能一心聆聽，講解經中義趣，根據經中所說修行，所得的福報是不可限量。

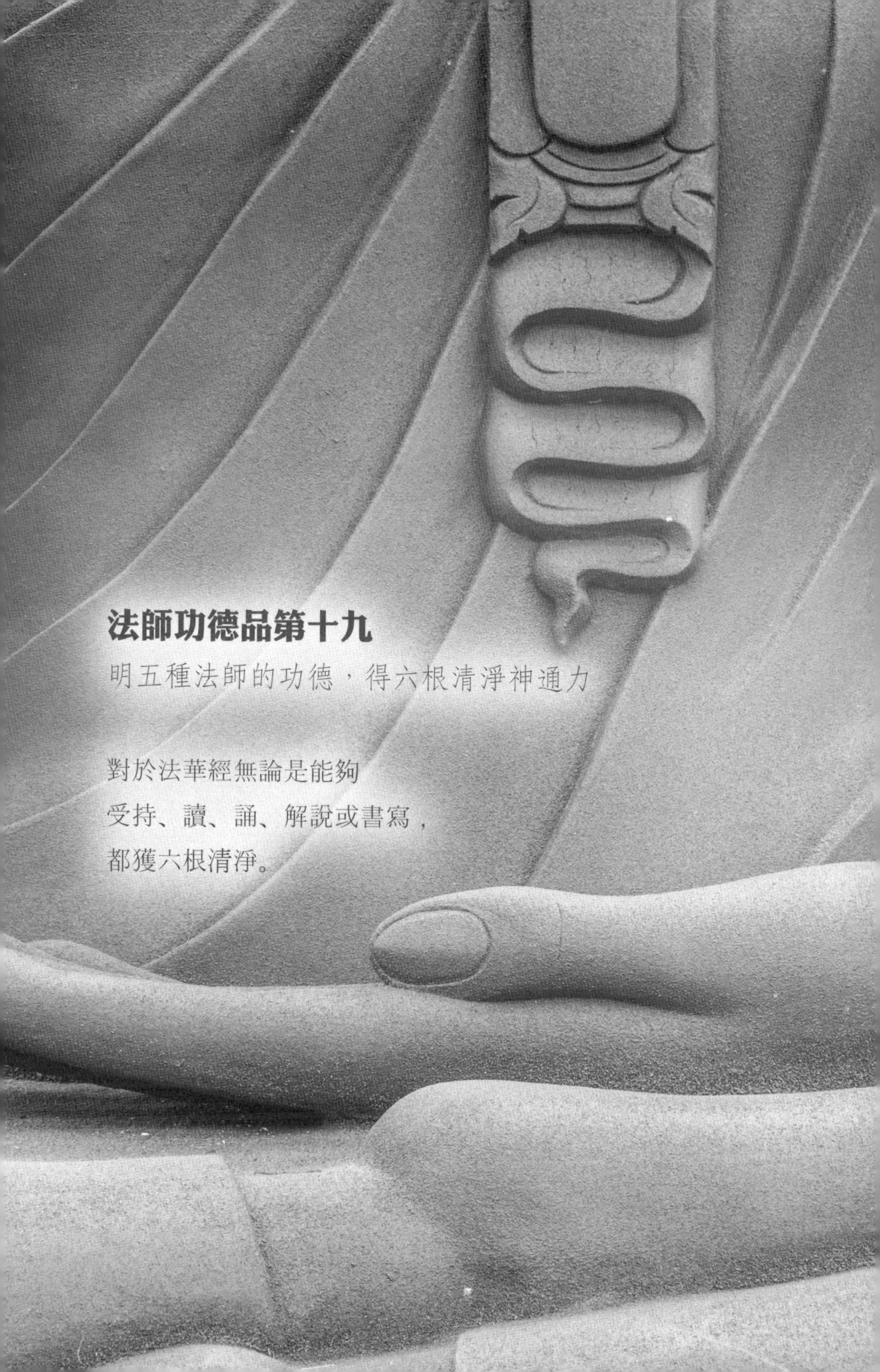

法師功德品第十九

明五種法師的功德，得六根清淨神通力

對於法華經無論是能夠
受持、讀、誦、解說或書寫，
都獲六根清淨。

【釋題】

弘通《法華經》的五種人，名為法師，〈法師品〉及〈法師功德品〉皆舉出受持、讀、誦、解說、書寫的五種法師。在〈法師品〉中，已授記作佛，今復彰顯其六根功德，為持經者勸。二品名同而義異，故加「功德」二字，以示區別。

【要義】

明五種法師的功德，得六根清淨神通力。佛陀告訴常精進菩薩，對於《法華經》無論是能夠受持、讀、誦、解說或書寫，此人將會得到八百種眼功德，一千二百種耳功德，八百種鼻功德，一千二百種舌功德，八百種身功德，一千二百種意功德。而由於這種種功德，能夠莊嚴眼、耳、鼻、舌、身、意六根，使六根都清淨無染。

若於大眾中，以無所畏心、
說是法華經，汝聽其功德。
是人得八百、功德殊勝眼，
以是莊嚴故，其目甚清淨。
父母所生眼，悉見三千界，
內外彌樓山，須彌及鐵圍，
并諸餘山林、大海江河水，
下至阿鼻獄，上至有頂處，
其中諸眾生，一切皆悉見。
雖未得天眼，肉眼力如是。
若持法花者，其身甚清淨，
如彼淨琉璃，眾生皆憙見。
又如淨明鏡，悉見諸色像，

如果**有人在大眾之中以無所懼之心講說這部《法華經》**，你且聽聽我說此人的功德。**此人能得八百種殊勝的眼功德，由此莊嚴其眼，所以其眼非常清淨。**憑父母所生的肉眼，就能全部看見三千大千世界內外的一切，如彌樓山、須彌山（妙高山）、鐵圍山（四大洲外的圍山），還有其他各種山林、大海、江河等，下至無間地獄，上至有頂天，其中的一切眾生都能看見。雖然此人未證得天眼通，但其肉眼的功力德用，具備了如此的神力。

受持《法華經》的人，其身極為清淨，就像明淨的玻璃一樣，眾生都喜歡見到。這種清淨的身體又如清淨的明鏡，各種色像都能在上面顯現出來。

菩薩於淨身，皆見世所有，
唯獨自明了，餘人所不見。
三千世界中，一切諸群萌，
天人阿修羅、地獄鬼畜生，
如是諸色像，皆於身中現。
諸天等宮殿，乃至於有頂，
鐵圍及彌樓、摩訶彌樓山，
諸大海水等，皆於身中現。
諸佛及聲聞，佛子菩薩等，
若獨若在眾，說法悉皆現。
雖未得無漏，法性之妙身，
以清淨常體，一切於中現。

這位菩薩在其清淨身中，看到了世間的一切，唯獨菩薩自己才能明白瞭解，其他的人是看不見的。三千大千世界之中，所有一切眾生和一切境界，即天神、人類、阿修羅、地獄、餓鬼、畜生等六類眾生，他們的色身之像都可在此人的清淨身體中顯現出來。諸天神的宮殿直至有頂天中的宮殿，以及鐵圍山、彌樓山和大彌樓山還有各個大海等，都能在此人的清淨身體中顯現出來。諸位如來世尊和聲聞、辟支佛、菩薩等四種聖者，不論單獨自居還是在大眾中說法教化，他們都可在這位法師的清淨身體中顯現出來。這位受持《法華經》的法師，雖然尚未證得無漏的聖果，獲得法性的妙身，可是卻能以父母所生的清淨而平常的肉身之體，映現出所有的一切。

父母所生耳，清淨無濁穢，
以此常耳聞，三千世界聲。
象馬車牛聲，鍾鈴螺鼓聲，
琴瑟箜篌聲，簫笛之音聲，
清淨好歌聲，聽之而不著，
無數種人聲，聞悉能解了。
又聞諸天聲，微妙之歌音，
及聞男女聲，童子童女聲。
山川嶮谷中，迦陵頻伽聲，
命命等諸鳥，悉聞其音聲。
地獄眾苦痛，種種楚毒聲，
餓鬼飢渴逼，求索飲食聲，
諸阿修羅等，居在大海邊，

父母所生之耳，清淨而無濁穢，以此平常之耳，能聽到三千大世界的一切聲音。如象、馬、車、牛聲，鍾、鈴、螺、鼓聲，琴、瑟、箜篌聲，竹簫、銅笛聲，聽了但不執著於清淨妙歌聲，聽後皆能分辨知曉的無數種人聲，諸天神的聲音，微妙的歌聲、男人女人聲，童男童女聲，山川險谷中迦陵頻伽鳥鳥（好聲鳥，產於雪山，在卵中便會鳴）、命命鳥（共命鳥，一身二頭，二口同時飲食，同時啼鳴）等鳥鳴聲，地獄中受苦眾生的種種慘烈哀叫聲，餓鬼受飢渴所逼迫的聲音，到處尋求飲食的聲音，集聚在大海邊的阿修羅相互談話時所發出的巨大音聲，這位法師皆能聽到。**這位講說《法華經》的人，安住於此地，卻能遙聞以上各種聲音，而其**

自共語言時，出於大音聲。
如是說法者，安住於此間，
遙聞是眾聲，而不壞耳根。
持是法花者，雖未得天耳，
但用所生耳，功德已如是。
是人鼻清淨，於此世界中，
若香若臭物，種種悉聞知。
須曼那闍提、多摩羅栴檀、
沈水及桂香，種種華菓香，
及知眾生香，男子女人香，
說法者遠住，聞香知所在。
大勢轉輪王，小轉輪及子，
群臣諸宮人，聞香知所在。

耳根，並不會為這些聲音破壞。

受持這部《法華經》的法師，雖然尚未證得天耳通，但是只用父母所生的肉耳，就能獲得如此巨大的耳功德。

受持這部《法華經》的法師，他的鼻根非常清淨。這個世界中的各種香氣、臭氣，他都能嗅到。

須曼那花香、提花香、多摩羅香、栴檀香、沉水香、桂木香、各種花果香，還有各種眾生身上的香氣，無論其是男人或女人，這位說《法華經》的法師即使住在很遠的地方，他都能嗅到這些香氣，並知道各種香氣的所在。大轉輪聖王、小轉輪聖王及王子、群臣、宮人等，這位法師一嗅其香，便知道

身所著珍寶，及地中寶藏，
轉輪王寶女，聞香知所在。
諸樹華菓實，及酥油香氣，
持經者住此，悉知其所在。

雖未得菩薩，無漏法生鼻，
而是持經者，先得此鼻相。

是人舌根淨，終不受惡味，
其有所食噉，悉皆成甘露。
以深淨妙聲，於大眾說法，
以諸因緣喻，引導眾生心，
聞者皆歡喜，設諸上供養。

他們在何處。身上所戴的珍寶，地下的寶藏，轉輪聖王的寶女（轉輪聖王七寶之一），這位法師一嗅其香，即知道其所在之處。各種樹木、花果。以及酥油香氣，受持這部《法華經》的法師住在這裡也完全知道其所在。

這位受持《法華經》的法師，雖然尚未證得菩薩的清淨無漏神通鼻，但由於受持了這部經典，所以便率先得到了這種清淨鼻相。

受持這部《法華經》的人舌根清淨，始終不會受到惡味的侵害即使吃到了惡味之物，一入舌根也會都變成甘露。此人以深沉、清淨、微妙的聲音，在大眾中說法，用各種因緣、譬喻的方法，引導眾生以菩提心。聽聞這位法師說法的人無不欣樂

諸天龍夜叉，及阿修羅等，
皆以恭敬心，而共來聽法，
是說法之人，若欲以妙音，
遍滿三千界，隨意即能至。
大小轉輪王，及千子眷屬，
合掌恭敬心，常來聽受法。

若持法花者，其身甚清淨，
如彼淨琉璃，眾生皆憙見。
又如淨明鏡，悉見諸色像，
菩薩於淨身，皆見世所有，
唯獨自明了，餘人所不見。
三千世界中，一切諸群萌，

歡喜，為其設上各種高級的供養。諸天神、龍神、夜叉以及阿修羅等八部龍神都以恭敬之心同來聽他講經說法。這位說法的人，若想使微妙的法音遍滿整個三千大千世界，只要這樣觀想，法音將隨其意願，到達任何一個地方。大小國王及國王的千子和眷屬們，都雙手合掌，以恭敬之心，常來聽聞、領受佛法。

受持《法華經》的人，其身極為清淨，就像明淨的玻璃，眾生都喜歡見到。這種清淨的身體又如清淨的明鏡，各種色像都能在上面顯現出來。這位菩薩在其清淨身中，看到了世間的一切，只是唯獨自己明了，其他人並看不見。三千大千世界之中，所有一切眾生和一切境界，即天神、人類、阿修羅、

天人阿修羅、地獄鬼畜生，
如是諸色像，皆於身中現。
諸天等宮殿，乃至於有頂，
鐵圍及彌樓、摩訶彌樓山，
諸大海水等，皆於身中現。
諸佛及聲聞，佛子菩薩等，
若獨若在眾，說法悉皆現。
雖未得無漏，法性之妙身，
以清淨常體，一切於中現。

是人意清淨，明利無穢濁，
以此妙意根，知上中下法，
乃至聞一偈，通達無量義，

地獄、餓鬼、畜生等六類眾生，他們的色身之像都可在此人的清淨身體中顯現出來。諸天神的宮殿直至有頂天中的宮殿，以及鐵圍山、彌樓山和大彌樓山還有各個大海等，都能在此人的清淨身體中顯現出來。諸位如來世尊和聲聞、辟支佛、菩薩等四種聖者，不論單獨自居還是在大眾中說法教化，他們都可在這位法師的清淨身體中顯現出來。這位受持《法華經》的法師，雖然尚未獲得法性的妙身，可是卻能以父母所生的清淨而平常的肉身之體，映現出所有的一切。

此人意根清淨，會明辨事物而沒有一點濁穢之心。能用此微妙的意根，可知上、中、下各類佛法，就是只聽聞一道偈頌，也可通達全部佛法的無

次第如法說，月四月至歲。
是世界內外，一切諸眾生，
若天龍及人、夜叉鬼神等，
其在六趣中，所念若干種，
持法花之報，一時皆悉知。
十方無數佛，百福莊嚴相，
為眾生說法，悉聞能受持。
思惟無量義，說法亦無量，
終始不忘錯，以持法華故。

量的深義，會依次而演說真實之法，長達一個月、四月甚至一年。這個世界內外的一切眾生，不管是天神、龍神、人類、夜叉、鬼神等，他們都處在六道輪迴之中，內心有各種各樣的念頭。這位法師，**由於受持《法華經》之果報的緣故，所以，一時間便完全知曉這些紛繁的念頭**。十方之內的無數位如來世尊，有百福莊嚴起來的妙身相，他們為眾生演說的佛法，這位法師全能聽到並能信受奉行。**這位法師所思惟的義理無量無邊，所演說的佛法也是無量無邊，而且任何時候都不會忘失，不會出錯**，這都是受持《法華經》的緣故。

常不輕菩薩品第二十

一切眾生皆可成佛

佛陀往昔曾為常不輕菩薩，
只用一句「汝等皆當作佛」示人，
即得六根清淨，
說明法華經的奉持功德無量。

【釋題】

「常不輕」是一位菩薩的名字。這位菩薩一見到人就叩頭頂禮，因此，有些比丘、比丘尼就為他取一個名字叫「常不輕」。這是釋迦牟尼佛在過去生中，行菩薩道時，見人就五體投地的禮拜，常不輕慢一切人，而一般的比丘、比丘尼就以「常不輕」來稱呼他，而不是這位菩薩原有的名號。以是能行忍辱、精進等菩薩行，自信作佛，信人作佛，終得六根究竟清淨功德。為顯斯義，故有此品。

【要義】

佛陀為得大勢菩薩說自己往昔曾為常不輕菩薩，只用一句「汝等皆當作佛」示人，即得六根清淨，說明《法華經》的奉持功德無量。而舉凡不受持或甚至毀謗的人，雖然二百億劫無法遇到佛，不聞法、不見僧，千劫於阿鼻地獄受大苦惱，但這些罪報了盡之後，仍然會再遇到常不輕菩薩，教導他們成佛之道。當年這些輕賤的人，就是現在法華會上跋陀婆羅等五百菩薩、師子月等五百比丘、尼思佛等五百優婆塞，皆於阿耨多羅三藐三菩提不退轉。

佛陀在這品特舉出他的忍辱教化，提示眾生皆能成佛，以培養眾生內懷不輕的信解，外敬不輕的處境，身效不輕的行為，口宣不輕的教諭，以便效法常不輕菩薩，自行化他，受持讀誦《法華經》。

汝今當知！若比丘、比丘尼、優婆塞、優婆夷持法花經者，若有惡口、罵詈、誹謗，獲大罪報，如前所說；其所得功德，如向所說，眼、耳、鼻、舌、身、意清淨。

得大勢！乃往古昔，過無量無邊不可思議阿僧祇劫，有佛名威音王如來、應供、正遍知、明行足、善逝、世間解、無上士、調御丈夫、天人師、佛、世尊。劫名離衰，國名大成。其威音王佛，於彼世中，

你現在應當知道！如果比丘、比丘尼、男女居士能夠受持這部《法華經》，那麼，若有誰對他們惡言相加、辱罵誹謗，誰便會獲得很大的罪報，如前面譬喻品所說，入阿鼻地獄、墮畜生等；而**受持《法華經》者因此所提到的功德**，卻如剛才所說，**能獲得眼、耳、鼻、舌、身、意等六根的清淨**。

得大勢（大勢至菩薩）！在過去很久以前，經過無量無邊不可思議的阿僧祇劫的漫長歲月，有一位佛，別號威音王如來，通號為應供、正遍知、明行足、善逝、世間解、無上士、調御丈夫、天人師、佛、世尊。當時所處的劫，名叫離衰；所居住的國，名叫大成。這位威音王佛，在他所處的時代中，為天神、人類和阿修羅等三善道中的眾生說法。其中

為天、人、阿修羅說法，為求聲聞者，說應四諦法，度生老病死，究竟涅槃；為求辟支佛者，說應十二因緣法；為諸菩薩，因阿耨多羅三藐三菩提，說應六波羅蜜法，究竟佛慧。

最初威音王如來既已滅度，正法滅後，於像法中，增上慢比丘有大勢力。爾時有一菩薩比丘名常不輕。得大勢！以何因緣名常不輕？是比丘，凡有所見——若比丘、比丘尼、優婆塞、優婆夷——皆悉禮拜

為求聲聞果的人說苦、集、滅、道的四諦之法，以救度他們的生、老、病、死諸苦，達到終極的涅槃境界，為求辟支佛果的人講十二因緣之法；為求證無上正等正覺的菩薩們講布施、持戒、忍辱、精進、禪定、般若等六波羅蜜之法，使他們最終成就佛的智慧。

最初的那位威音王如來已入涅槃，接著正法也滅了之後，在像法之中，輕狂傲慢的比丘擁有強大的勢力。那時，有一位修菩薩法門的比丘，名叫常不輕。大勢至菩薩！你知道他為什麼叫常不輕呢？因為這位比丘對凡是他所遇到的人，不論其是比丘還是比丘尼，不論是男居士還是女居士，都要施行叩拜，稱揚讚嘆，並對他們說：「**我深深地敬仰你**

讚歎而作是言：「我深敬汝等，不敢輕慢。所以者何？汝等皆行菩薩道，當得作佛。」而是比丘，不專讀誦經典，但行禮拜，乃至遠見四眾，亦復故往禮拜讚歎而作是言：「我不敢輕於汝等，汝等皆當作佛。」四眾之中，有生瞋恚、心不淨者，惡口罵詈言：「是無智比丘從何所來？自言：『我不輕汝。』而與我等授記，當得作佛。我等不用如是虛妄授記。」如此經歷多年，常被罵詈，不

們，不敢對你們有半點輕慢，為什麼呢？因為你們都修行菩薩道，你們應當很快成佛。」而這位常不輕比丘，並不專一地讀誦經典，只是遍行禮拜，甚至遠遠看見比丘、比丘尼、男居士、女居士等四眾弟子，他也要特意走上前去，對他們施行禮叩拜，稱揚讚嘆，並且說道：「我不敢輕慢你們，你們皆當成佛。」四眾弟子中有的人心地不淨，產生瞋怒，惡言惡語地罵道：「這個沒有智慧的比丘，從什麼地方跑到這裡，自言自語：『我不輕慢你們。』甚至為我們授記作佛。我們不需要這種虛妄的授記。」這樣，經歷了好多年，常不輕經常被罵，但他從不生氣發怒，始終這麼說：「你將成佛。」說這種話時，眾人有時用手杖、木條、瓦塊、石頭等

生瞋恚，常作是言：「汝當作佛。」說是語時，眾人或以杖木瓦石而打擲之，避走遠住，猶高聲唱言：「我不敢輕於汝等，汝等皆當作佛。」以其常作是語故，增上慢比丘、比丘尼、優婆塞、優婆夷，號之為常不輕。

於時增上慢四眾——比丘、比丘尼、優婆塞、優婆夷——輕賤是人，為作不輕名者，見其得大神通力、樂說辯力、大善寂力，聞其所說，皆

打他。他只好躲避，跑到很遠的地方，但嘴裡依然高聲大呼：「**我不敢輕慢你們，你們皆會成佛。**」因為他常說這句話的緣故，所以，輕狂傲慢的比丘、比丘尼、男居士、女居士便給他取了一個名號叫常不輕。

這個時候，那些輕狂傲慢的比丘、比丘尼、男居士、女居士，特別是輕賤此人並為他起名常不輕的人，見他獲得了巨大的神通之力以及樂說雄辨的演講能力和身心善良的忍辱能力，於是，他們聽了這位比丘的說法，便全部信受拜伏，隨從他一起修

信伏隨從。是菩薩復化千萬億眾，令住阿耨多羅三藐三菩提。於此諸佛法中，受持讀誦，為諸四眾說此經典故，得是常眼清淨，耳、鼻、舌、身、意諸根清淨，於四眾中說法，心無所畏。

得大勢！是常不輕菩薩摩訶薩，供養如是若干諸佛，恭敬、尊重、讚歎、種諸善根，於後復值千萬億佛，亦於諸佛法中說是經典，功德成就，當得作佛。

道。**這位常不輕菩薩又教化了千萬億個眾生，使他們都獲得了至高無上正等正覺。**

在這些佛的弘化事業中，**他依然受持、讀誦並為四眾弟子演說這部經典。由於這個緣故，他又獲得了眼根清淨、耳根、鼻根、舌根、身根、意根等六根清淨**，所以，他在四眾弟子中說法，心中沒有任何怖畏。

大勢至菩薩！這位常不輕大菩薩供養了這麼多的如來世尊都非常恭敬，非常尊重，並進行了稱頌讚嘆，從而種下了很多善根。此後，這位常不輕菩薩又遇到了千萬億個佛，他又在諸佛的佛法之中，說這部《妙法蓮華經》，功德成就圓滿，所以他應當成佛。

如來神力品第二十一

付囑世尊入滅後的弘經使命

佛出廣長舌相，放毛孔光。

以此神力，為囑付滅後傳此經，說此經功德。

【釋題】

「如來」是佛十號之一。如來的神力，也就是佛的一種不可思議的神通妙用，不可思議的一種境界。這一品為釋迦世尊欲付囑深法，顯現各種不可思議的神力，嘉許讚歎法華經的功德，以引發大眾受持、讀誦、解說、書寫、流通法華經，以便廣度教化眾生。故本品題名為「如來神力」。

【要義】

本品針對特定對象付囑世尊入滅後的弘經使命。佛現出了十種神力，囑咐如來滅後應一心受持《法華經》，表現出《法華經》的尊貴及力量無限，此經具備了如來一切神力，且經卷所在之處皆應起塔供養。

爾時世尊，於文殊師利等無量百千萬億舊住娑婆世界菩薩摩訶薩，及諸比丘、比丘尼、優婆塞、優婆夷，天、龍、夜叉、乾闥婆、阿修羅、迦樓羅、緊那羅、摩睺羅伽、人非人等，一切眾前，現大神力，出廣長舌上至梵世，一切毛孔放於無量無數色光，皆悉遍照十方世界。眾寶樹下、師子座上諸佛，亦復如是，出廣長舌，放無量光。釋迦牟尼佛及寶樹下諸佛現神力時，滿百千歲，然後還

這時，世尊在文殊師利菩薩等之中，無量百千萬億過去曾住在這個娑婆世界的菩薩、大菩薩面前，在各位比丘、比丘尼、男居士、女居士等四眾弟子面前，在天神、龍神、乾闥婆、阿修羅、迦樓羅、緊那羅、摩睺羅伽等八部眾面前，在一切人和非人面前，**顯示出巨大的神通之力**。他伸出既廣又長的舌頭，向上直達色界大梵天。佛身上所有的毛孔，都發放出無量無數、色彩斑斕的光芒。照遍了十方世界的各個角落。坐在各種寶樹獅子座上的各位分身佛也是如此，**伸出既廣又長的舌頭，放出無量無數的光芒**。釋迦牟尼佛及坐在寶樹下的各位分身佛顯現神通之力的時間，延續了整整一百個千年之後，才收攝了這種廣長舌相。他們同時發出輕咳

攝舌相。一時謦欬、俱共彈指，是二音聲，遍至十方諸佛世界，地皆六種震動。

即時諸天、於虛空中、高聲唱言：「過此無量無邊百千萬億阿僧祇世界，有國名娑婆，是中有佛名釋迦牟尼，今為諸菩薩摩訶薩說大乘經，名妙法蓮華，教菩薩法，佛所護念。汝等當深心隨喜，亦當禮拜供養釋迦牟尼佛。」

聲和彈指聲，這兩種聲音響徹十方一切佛國世界，大地也隨之發生了六種類型的震動。

緊接著，諸位天神在虛空中高聲說道：「由此再過無量無邊百千萬億阿僧祇個世界，那裡有一處國土，名叫娑婆（堪忍）。在此國土之中，有一位如來世尊，名叫釋迦牟尼，現在正為諸菩薩、大菩薩講說一部名叫《妙法蓮華經》的大乘經典。此經是教化菩薩的妙法，是佛對眾生護持與憶念。你們應當衷心隨順其義，歡喜信受，也應當禮拜、供養釋迦牟尼佛。」

囑累品第二十二

對諸菩薩的總付囑

釋迦牟尼佛以身口意三業加持，
將妙法付託無量大菩薩，
令其應當專一其心地流布、受持、讀誦、廣泛宣說，
使一切眾生都能聽聞得知。

【釋題】

「囑」，為付囑、付託之義；「累」，為煩爾宣傳、甘而弗勞之義。以傳付佛法，令後人護持，稱為囑累。前品佛顯大神通，令眾信受，此更以手摩諸菩薩頂，囑咐流通。顯受持是經者，即為佛力之所護持攝受。故有此品。

【要義】

釋迦牟尼佛以身口意三業加持，將妙法付託無量大菩薩。本品是針對眾多對象付囑世尊入滅後的弘經使命，亦即世尊對諸菩薩的「總付囑」，三摸眾菩薩頂而囑付之。

爾時，釋迦牟尼佛從法座起，現大神力，以右手摩無量菩薩摩訶薩頂，而作是言：「我於無量百千萬億阿僧祇劫，修習是難得阿耨多羅三藐三菩提法，今以付囑汝等。汝等應當一心流布此法，廣令增益。」如是三摩諸菩薩摩訶薩頂，而作是言：「我於無量百千萬億阿僧祇劫，修習是難得阿耨多羅三藐三菩提法，今以付囑汝等。汝等當受持、讀誦、廣宣此法，令一切眾生普得聞知。

釋迦牟尼佛說完如來神力品之後，接著再說囑累品的時候，乃從法座站起來，顯現了巨大的神通力。他伸出右手撫摩無量無數個菩薩、大菩薩的頭頂，對他們這樣說道：「我在無量百千萬億阿僧祇劫那麼長的漫漫歲月中，修習這種難得的無上正等正覺法，今天，我把這種妙法囑託於你們，你們應當專一其心地流布此法，以更廣泛地增加受益的範圍。」像這樣，先後三次撫摩諸位菩薩、大菩薩的頭頂之後，而這樣地說：「我在無量百千萬億阿僧祇劫那樣長的時間，學習最難得到的無上正等正覺之法。**我現咐囑你們大眾，你們應當受持此法、讀誦此法，廣大為眾生宣揚這種法，普遍使一切眾生，都能聞知這種妙法**。為什麼呢？因為，如來有

所以者何？如來有大慈悲，無諸慳悋，亦無所畏，能與眾生，佛之智慧、如來智慧、自然智慧，如來是一切眾生之大施主。汝等亦應隨學如來之法，勿生慳悋。於未來世，若有善男子、善女人，信如來智慧者，當為演說此法華經，使得聞知，為令其人得佛慧故。若有眾生不信受者，當於如來餘深法中，示教利喜。汝等若能如是，則為已報諸佛之恩。」

大慈大悲之心，沒有一絲一毫的吝嗇，沒有一絲一毫和畏懼，能夠給予眾生佛的智慧、如來的智慧和自性本有的智慧。所以，如來是一切眾生的大施主，你們也應當跟隨如來學習佛法，不要產生吝嗇的心。**在未來世的時候，如果善男子、善女子相信如來的智慧，那麼，就應當為他們演說這部《法華經》。使其聞知此經，就是為了使其獲得佛的智慧。如果有的眾生不信受這部《法華經》，則應當在佛的其他深奧之法中，開示他，令他得到利益，從而能生歡喜心。**你們大眾能這樣的去做，那就是報答了諸位如來世尊的恩情。」

藥王菩薩本事品第二十三

世尊滅後弘經的必要和功德

藥王菩薩過去為一切眾生喜見菩薩，
燒臂供養，
以報答聽日月淨明德佛講法華經之恩。

【釋題】

「本事」，是說明前生所修的事蹟，所行的苦行。本品即是明藥王菩薩本昔的難行苦行之事，為法忘軀的精神，所以題名為「藥王菩薩本事品」。

【要義】

佛因宿王華菩薩請問而宣說藥王菩薩往昔因聞法歡喜而燃身、燃臂供養日月淨明德佛；並說受持《法華經》以及〈藥王菩薩本事品〉的功德。

藥王菩薩在往昔名號是一切眾生喜見菩薩。顧名思義，他和一切眾生結了善緣，所以都歡喜見到他。藥王菩薩專修苦行，曾經發心焚身供養於佛。第二生又燃臂供養於佛。他能捨身供佛，作精神集中的觀想，這種供養，非為一般人所能做得到。他已經了悟身體是由四大五蘊假和合的幻軀。這位菩薩最慈悲，眾生有疾病，他一定為彼解除痛苦，所以一切眾生都歡喜見到他。

爾時宿王華菩薩白佛言：「世尊！藥王菩薩云何遊於娑婆世界？世尊！是藥王菩薩有若干百千萬億那由他難行苦行？善哉，世尊！願少解說。」

爾時佛告宿王華菩薩：「乃往過去無量恒河沙劫，有佛號日月淨明德如來、應供、正遍知、明行足、善逝、世間解、無上士、調御丈夫、天人師、佛、世尊。其佛有八十億大菩薩摩訶薩，七十二恒河沙大聲聞眾，佛壽四萬二千劫，菩薩壽命亦等。」

這時，宿王華菩薩對釋迦牟尼佛說：「世尊！藥王菩薩是何因緣來到這個娑婆世界遊歷的？世尊！**這位藥王菩薩。他既發願救護一切眾生的病痛**，在若干百千萬億那由他劫之中，**一定修習過很多難以修行的苦行**。請世尊為我們稍作解說。」

這時，釋迦牟尼佛告訴宿王華菩薩說：「在往昔經過無量恒河沙數那樣多的劫，那時，有一位佛，名號為**日月淨明德如來**，同時具足十種稱號，即：應供、正遍知、明行足、善逝、世間解、無上士、調御丈夫、天人師、佛、世尊。這位佛身邊有八十億個大菩薩，有七十二條恆河沙數那樣多的大聲聞弟子。這位佛的壽命達四萬二千劫，菩薩和壽命也是這麼長。」

爾時，一切眾生憙見菩薩見佛滅度，悲感、懊惱，戀慕於佛，即以海此岸栴檀為積，供養佛身，而以燒之。火滅已後，收取舍利，作八萬四千寶瓶，以起八萬四千塔，高三世界，表剎莊嚴，垂諸幡蓋，懸眾寶鈴。

爾時一切眾生憙見菩薩復自念言：「我雖作是供養，心猶未足，我今當更供養舍利。」便語諸菩薩大弟子及天、龍、夜叉等一切大眾：「汝等當一

這時，一切眾生喜見菩薩見佛去世滅度，悲感交集，懊惱不已。出於對佛的戀慕，他便用最名貴的海此岸栴檀木作為薪柴，先對佛的身軀作了供養，然後焚化佛之遺體。火滅之後，他又收取佛的舍利，建起了八萬四千座佛舍利塔，每座塔都有三個世界那麼高，塔剎非常莊嚴，上面垂掛著各種旗幡、寶蓋，還懸掛著各種寶鈴。

這時，一切眾生喜見菩薩又暗自想道：「我雖然作了這些供養，猶覺得對佛的心意並未滿足，我現在應當更進一步再供養佛的舍利。」於是，他就對各位菩薩大弟子及天神、龍神、夜叉等所有大眾說：「你們應當專一其心念，我現在要供養日月淨

心念，我今供養日月淨明德佛舍利。」作是語已，即於八萬四千塔前，燃百福莊嚴臂七萬二千歲而以供養，令無數求聲聞眾、無量阿僧祇人，發阿耨多羅三藐三菩提心，皆使得住現一切色身三昧。

告宿王華菩薩：「於汝意云何？一切眾生憙見菩薩，豈異人乎？今藥王菩薩是也。其所捨身布施，如是無量百千萬億那由他數。

若復有人，以七寶滿三千

明德佛的舍利了。」說完這話之後，**一切眾生喜見菩薩就在八萬四千座舍利塔前，燃燒他自己那百福嚴飾的胳臂，足足燒了七萬二千歲，以此作為對佛舍利的供養**，也使無數追求聲聞果位的弟子和其他無量無數的人都發下了求證無上正等正覺的心願，使他們都能進住於變現一切色身的禪定神通之中。

釋迦牟尼佛對宿王華菩薩說：「你感覺這種苦行怎樣呢？你知道這位菩薩是誰？他就是現在的藥王菩薩。他這樣捨身布施，已有無量百千萬億兆的次數了。**如果又有人把七種珍寶布滿整個三千大千世界，來供養佛、菩薩、辟支佛以及阿羅漢，那麼此人所獲得的功德，還不如受持這部《法華經》甚**

大千世界，供養於佛，及大菩薩、辟支佛、阿羅漢，是人所得功德，不如受持此法華經，乃至一四句偈，其福最多。」

至只受持其中的一首四句詩頌所獲得的功德。受持法華經的功德是最多的。」

妙音菩薩品第二十四

藉由妙音菩薩的本事

讚歎本經重要

妙音菩薩曾經無量劫，
供養無數佛，
示現六道眾生的各種形相身分，
隨類化度眾生，處處現身說法華經。

【釋題】

「妙音」是一位菩薩的名字，他有微妙不可思議的聲音。「妙音」就是聲音韻律美妙，聲音內涵美妙，聲音的效果美妙，他說法的音聲，可以永遠留在眾生的耳根，因為這個緣故，所以就叫做妙音菩薩。本品明妙音菩薩現一切色身，隨類應化，弘宣《法華經》，故名為「妙音菩薩品」。

【要義】

釋迦牟尼佛為華德菩薩說關於妙音菩薩過去供養雲雷音王佛的因果，以及如是種種變化現身，在此娑婆國土，及其為諸眾生說《法華經》的往昔因緣。

爾時一切淨光莊嚴國中，有一菩薩名曰妙音，久已殖眾德本，供養親近無量百千萬億諸佛，而悉成就甚深智慧。釋迦牟尼佛光照其身，即白淨華宿王智佛言：「世尊！我當往詣娑婆世界，禮拜、親近、供養釋迦牟尼佛，及見文殊師利法王子菩薩、藥王菩薩、勇施菩薩、宿王華菩薩、上行意菩薩、莊嚴王菩薩、藥上菩薩。」

妙音菩薩白其佛言：「世尊！我今詣娑婆世界，皆是如

那時，一切淨光莊嚴的國土中，有一位菩薩，名叫妙音菩薩。（「東妙音，西觀音。」東方就是妙音菩薩；西方就是觀音菩薩。）這位菩薩在很久很久之前，就已種下了許多善根，**供養、親近過無量百千萬億的佛，所以成就了甚深的智慧**。釋迦牟尼佛的光明照耀在妙音菩薩身上，妙音菩薩便對淨華宿王智佛說：「世尊，我應當前往娑婆世界禮拜、親近、供養釋迦牟尼佛，並拜見文殊師利菩薩、藥王菩薩、勇施菩薩、宿王華菩薩、上行意菩薩、莊嚴王菩薩、藥上菩薩。」

妙音菩薩對淨華宿王智佛說：「世尊！我現在到娑婆世界去，都是憑佛的力量，佛的神通遊戲，

來之力，如來神通遊戲，如來功德智慧莊嚴。」於是妙音菩薩不起於座，身不動搖，而入三昧，以三昧力，於耆闍崛山，去法座不遠，化作八萬四千眾寶蓮華，閻浮檀金為莖，白銀為葉，金剛為鬚，甄叔迦寶以為其臺。

華德！汝但見妙音菩薩其身在此，而是菩薩，現種種身，處處為諸眾生說是經典——或現梵王身，或現帝釋身，或現自在天身，或現大自在天身，

佛的功德智慧，來莊嚴自己。」於是，**妙音菩薩仍然坐在座上，身也不動搖，而是進入禪定狀態，並以這種定力來到娑婆世界的耆闍崛山（靈鷲山）**，在離釋迦牟尼佛法座不遠的地方，化出八萬四千朵這麼多的大寶蓮華（代表八萬四千法門），這種蓮花以閻浮檀金（金名。其色赤黃，帶紫焰氣，為金中之最高貴者。）為莖，以白銀為葉，以金剛為花鬚，用甄叔迦（紅色、肉色花）作為花台。

華德菩薩！你現在只看見妙音菩薩的身在我們這個法會中，可是這位菩薩**他能示現種種身，到各處為一切眾生演說《妙法蓮華經》**。在許多許多的地方，為所有的一切眾生，說這一部妙法蓮華經。他或者現梵王身，或者現天帝身，或者現自在天

或現天大將軍身，或現毘沙門天王身，或現轉輪聖王身，或現諸小王身，或現長者身，或現居士身，或現宰官身，或現婆羅門身，或現比丘、比丘尼、優婆塞、優婆夷身，或現長者居士婦女身，或現宰官婦女身，或現婆羅門婦女身，或現童男、童女身，或現天、龍、夜叉、乾闥婆、阿修羅、迦樓羅、緊那羅、摩睺羅伽、人非人等身，而說是經。諸有地獄、餓鬼、畜生，及眾難處，皆能救濟，

身，或者現大自在天身，或者現天大將軍身，或者現四大天王中的毘沙門天王身，或者現持輪寶的神聖國王身，或者現各種小王身，或者現長者身，或者現官吏身，或者現婆羅門身，或者現比丘身、比丘尼身、男居士身、女居士身，或者現長者婦身、居士婦人身，或者現官吏婦人身，或者現婆羅門婦人身，或者現童男、童女身，或者現天神、龍神、乾闥婆、阿修羅、迦樓羅、緊那羅、摩睺羅伽等天龍八部以及人與非人等的身相。通過示現這些不同的身相而為不同的眾生講說這部《法華經》。在地獄、餓鬼，畜生之中以及各種困難的場合，他都能前去救濟，甚至變成女身，深入國王的後宮之中，為宮女們講說這部經典。

乃至於王後宮，變為女身，而說是經。

華德菩薩！是妙音菩薩，能救護娑婆世界諸眾生者，是妙音菩薩如是種種變化現身，在此娑婆國土，為諸眾生說是經典，於神通、變化、智慧無所損減。

華德菩薩！這位妙音菩薩，他能救護娑婆世界所有的眾生。這位**妙音菩薩，雖然顯現各種各樣的變化身相**，在這個娑婆世界，為所有眾生講說法華經，可是，**他的神通力、他的顯化力以及他的智慧，卻毫無損壞，也沒有減少。**

觀世音菩薩普門品第二十五

觀世音菩薩變現多種應化身，救濟苦難的眾生

佛陀解說觀世音專修法門的名號因緣、稱名作用，
和十四無畏，以及三十多種應化身，
隨類示現，應機說法。

【釋題】

「觀世音菩薩」這幾個字，「觀」是一種觀智，能觀的智慧；「世音」是所觀的境界。這能觀的智慧，觀這個所觀的境界，觀這個世間所有一切的境界、所有一切的音聲。這音聲，有苦聲、樂聲，有善聲、惡聲，有好聲、壞聲，觀世音菩薩觀看世界種種的音聲，他就遂心滿願。眾生無論求什麼，向觀世音菩薩祈求，觀世音菩薩一定會遂心滿願。

【要義】

這一品始於無盡意菩薩向世尊詢問觀世音菩薩名號的由來，佛陀解說觀世音專修法門的名號因緣、稱名作用，和十四無畏，以及三十多種應化身，隨類示現，應機說法。觀世音菩薩能為眾開示，降伏各種風火災難，使得十方眾生都能獲得菩薩智慧之光的照明。

爾時，無盡意菩薩即從座起，偏袒右肩，合掌向佛，而作是言：「世尊！觀世音菩薩，以何因緣名觀世音？」

佛告無盡意菩薩：「善男子！若有無量百千萬億眾生受諸苦惱，聞是觀世音菩薩，一心稱名，觀世音菩薩即時觀其音聲，皆得解脫。若有持是觀世音菩薩名者，設入大火，火不能燒，由是菩薩威神力故。若為大水所漂，稱其名號，即

這時，無盡意菩薩聽佛講完了〈妙音菩薩本事品〉後，從座位上站起來，露出右肩（表示恭敬），雙手合十向釋迦牟尼佛致禮，對著佛這樣說：「世尊，觀世音菩薩以什麼因緣，而立名為觀世音呢？」

釋迦牟尼佛告訴無盡意菩薩說：「善男子！如果有無量百千萬億那麼多的眾生，**他們遭受到種種苦惱，現在聽說過觀世音菩薩之後，只要一心稱念他的名號，觀世音菩薩就會立即觀察到這音聲，使那些身處苦惱的人都得到解脫**。如果有人奉持稱誦觀世音菩薩的名號，那麼即使他不幸陷入大火之中，也不會被火所燒，這是因為此菩薩有大威神力的緣故。假如有人不幸被大水捲走，只要他有

得淺處。若有百千萬億眾生，為求金、銀、琉璃、車璖、馬瑙、珊瑚、虎珀、真珠等寶，入於大海，假使黑風吹其船舫，飄墮羅剎鬼國，其中若有，乃至一人，稱觀世音菩薩名者，是諸人等皆得解脫羅剎之難。以是因緣，名觀世音。」

若復有人臨當被害，稱觀世音菩薩名者，彼所執刀杖尋段段壞，而得解脫。若三千大千國土，滿中夜叉、羅剎，欲來惱人，聞其稱觀世音菩薩名

稱念觀世音菩薩的名號，他就能很快到達淺灘處。假如有百千萬億那樣多的眾生，為了尋求金、銀、琉璃、硨磲、瑪瑙、珊瑚、琥珀，珍珠等寶物，乘船進入大海，即使正好碰上狂風，將其船隻吹到羅剎鬼國，如果其中有人，甚至**僅僅一人，稱念觀世音菩薩的名號，那麼所遇難的人都能從鬼國中解脫出來**。因為這種因緣，所以就稱其為觀世音菩薩。」

假如有人，將要被人殺害的時侯，只要能稱念觀世音菩薩的名號，那麼，殺人者手裡的刀刃或木棒，那把刀或木棒就自然折斷，使受害者從危難中得到解脫。假如在三千大千世界的國土中，到處都是夜叉鬼和羅剎鬼，它們想傷害別人，然而只要一

者，是諸惡鬼，尚不能以惡眼視之，況復加害。設復有人，若有罪、若無罪，杻械、枷鎖檢繫其身，稱觀世音菩薩名者，皆悉斷壞，即得解脫。若三千大千國土，滿中怨賊，有一商主，將諸商人，齎持重寶、經過嶮路，其中一人作是唱言：「諸善男子！勿得恐怖，汝等應當一心稱觀世音菩薩名號。是菩薩能以無畏施於眾生，汝等若稱名者，於此怨賊當得解脫。」眾商人聞，俱發聲言：

聽到有人稱念觀世音菩薩的名號，這些惡鬼連睜開眼睛看看都不可能，又怎能加害於你呢？又假使有人，無論是有罪或是無罪，如果手腳被戴上鐐銬，全身被枷鎖縛綁，只要他稱念觀世音菩薩的名號，那麼所有刑具都會自動斷壞，即時從束縛中得到解脫。假如在三千大千世界國土上，到處都有謀財害命的盜賊，有一個做買賣的人，帶領很多做生意的人，攜帶貴重珍寶，經過一段險峻的道路，其中一個商人建議大家說：「善男子！大家不要驚恐，你們只要能一心一意地念誦觀世音菩薩的名號，這一位觀世音菩薩能以無畏的神力來保護所有一切的眾生，你們就能從害人之命奪人之財者的危害中獲得解脫。」這些商人聽完他的話後，都大聲念道：「南

「南無觀世音菩薩。」稱其名故，即得解脫。

若有眾生多於婬欲，常念恭敬觀世音菩薩，便得離欲。若多瞋恚，常念恭敬觀世音菩薩，便得離瞋。若多愚癡，常念恭敬觀世音菩薩，便得離癡。

無盡意！觀世音菩薩有如是等大威神力，多所饒益，是故眾生常應心念。若有女人，設欲求男，禮拜供養觀世音菩薩，便生福德智慧之男；設欲求女，便生端正有相之女。宿殖德本，眾人愛敬。

無觀世音菩薩。」因為**誦念了觀世音菩薩的名號的緣故，他們都立即從危難中解脫出來。**

假如有眾生過度沉溺於淫慾，只要常常念誦並恭敬觀世音菩薩，就會自然脫離淫慾。**若有眾生常常大發脾氣，只要經常念誦並恭敬觀世音菩薩，便能自然脫離憤怒。若有人十分愚痴，只要經常念誦觀世音菩薩，就會自然脫離愚痴。**

無盡意菩薩啊！觀世音菩薩有如此種種大威德神力，能使一切眾生得到益處，因此，眾生常應在內心虔誠地念誦觀世音菩薩的名號。如果有女人想求男孩，只要禮拜、供養觀世音菩薩，就會生下一個既有福德又有智慧的男孩；假如她想求一個女孩，便會生下一個相貌端正的女孩，而且這個女孩在前世就種下了善根，因此眾人都很喜愛並尊敬她。

若復有人受持觀世音菩薩名號，乃至一時禮拜、供養，是二人福，正等無異，於百千萬億劫不可窮盡。無盡意！受持觀世音菩薩名號，得如是無量無邊福德之利。

無盡意菩薩白佛言：「世尊！觀世音菩薩，云何遊此娑婆世界？云何而為眾生說法？方便之力，其事云何？」

「無盡意！是觀世音菩薩成就如是功德，以種種形，遊諸國土，度脫眾生。是故汝等，

假使另外**有人受持念誦觀世音菩薩名號，甚至在很短的時間裡禮拜和供養，他所獲得的福報，與前面所說的善男子、善女子所獲得的福報，完全相等而毫無差異**，在百千萬億劫那麼多的時間裡，也不能窮盡。無盡意菩薩啊！念誦觀世音菩薩的名號，就能得到如此無量無邊的福德利益。

無盡意菩薩對佛說：「世尊！觀世音菩薩怎樣遊歷這個娑婆世界？怎樣為眾生說法？他教化眾生的方便神力是怎樣的呢？」

「無盡意！這位觀世音成就了如此的功德，能夠以各種身形遊歷各個國土，救度那裡的眾生，所以，你們應當一心一意地供養觀世音菩薩。這位觀

應當一心供養觀世音菩薩。是觀世音菩薩摩訶薩，於怖畏急難之中能施無畏，是故此娑婆世界，皆號之為施無畏者。」

無盡意菩薩白佛言：「世尊！我今當供養觀世音菩薩。」即解頸眾寶珠、瓔珞，價直百千兩金，而以與之，作是言：「仁者！受此法施珍寶瓔珞。」時觀世音菩薩不肯受之。無盡意復白觀世音菩薩言：「仁者！愍我等故，受此瓔珞。」

爾時佛告觀世音菩薩：

世音菩薩能在眾生遇到恐怖與危急、災難之時，把無畏布施給眾生，所以，這個娑婆世界都稱觀世音菩薩為施無畏者。」

無盡意菩薩對釋迦牟尼佛說：「世尊！我現在就應當供養觀世音菩薩。」於是，無盡意解下脖子上的各種寶珠與瓔珞（古代以珠玉穿綴成的頸飾），總計價值達百千兩黃金，把它們供給觀世音菩薩，說道：「仁慈有德的菩薩啊！請接受這法施（布施裡有財施、法施、無畏施）的珠寶與瓔珞吧！」這時，觀世音菩薩不肯接受。無盡意菩薩又對觀世音菩薩說：「仁慈有德的菩薩啊，請您憐憫我們，收下這些瓔珞吧！」這時，釋迦牟尼佛告訴

「當愍此無盡意菩薩及四眾，天、龍、夜叉、乾闥婆、阿修羅、迦樓羅、緊那羅、摩睺羅伽、人非人等故，受是瓔珞。」

即時觀世音菩薩愍諸四眾，及於天、龍、人非人等，受其瓔珞，分作二分，一分奉釋迦牟尼佛，一分奉多寶佛塔。

「無盡意，觀世音菩薩有如是自在神力，遊於娑婆世界。」

爾時持地菩薩即從座起，前白佛言：「世尊！若有眾生，

觀世音菩薩說：「你應當憐憫這位無盡意菩薩以及四眾弟子和天神、龍神、乾闥婆、阿修羅、迦樓羅、緊那羅、摩睺羅伽，還有人與非人等，因此你就接受這些瓔珞吧！」於是，觀世音菩薩出於對四眾弟子及天龍八部、人與非人等的憐憫，便立即收下了這些瓔珞。他把這些瓔珞分作兩份，一份奉獻給釋迦牟尼佛，一份供奉多寶佛塔。釋迦牟尼佛對無盡意說：「無盡意！觀世音菩薩有如上所述的自在神力，所以他才能自由地遊歷於這個娑婆世界。」

這時，持地菩薩從座上站起來，走向前來對釋迦牟尼佛說：「世尊！假設**如果有眾生聽到這篇觀**

聞是觀世音菩薩品自在之業，普門示現神通力者，當知是人功德不少。」

佛說是普門品時，眾中八萬四千眾生，皆發無等等阿耨多羅三藐三菩提心。

世音菩薩品，知道觀音菩薩自在無礙的業行，了解觀音菩薩廣開無量法門，示現各種神通之力救度眾生，那麼，我們就應當知道，此人所獲得的功德的確不少。」

釋迦牟尼佛講說這篇普門品時，參加法會的大眾中有八萬四千眾生都發下求證無上正等正覺的誓願。

陀羅尼品第二十六

受持法華經所得福

菩薩及天神等，
各各說咒護持受持法華經者。

【釋題】

陀羅尼，梵語的音譯，意譯為總持、持一切善、遮一切惡之意。陀羅尼又譯為咒。咒能生善滅惡，保護行者吉祥如意。在本品，藥王菩薩和勇施菩薩，毘沙門天王和持國天王二天，以及鬼子母神、十羅剎女、諸善神，先後五次發誓念陀羅尼咒，守護《法華經》的修行者，因此題名為〈陀羅尼品〉。

【要義】

這一品是敘述藥王菩薩、勇施菩薩、毘沙門天王、持國天王、十羅剎女等發願說咒語，以神力來護持妙法蓮華經。令受持、讀誦、解說、書寫妙法蓮華經的法師，在惡世中，不受天魔外道、惡鬼邪神的侵毀。

關於咒的意思，不一定需要詳知，只要把音唸正確，便有不可思議的境界。

爾時藥王菩薩白佛言：「世尊！我今當與說法者陀羅尼呪，以守護之。」即說呪曰：

「安爾（一）曼爾（二）摩禰（三）摩摩禰（四）旨隸（五）遮梨第（六）賖咩（羊鳴音）（七）賖履（冈雉反）多瑋（八）羶（輸千反）帝（九）目帝（十）目多履（十一）娑履（十二）阿瑋娑履（十三）桑履（十四）娑履（十五）叉裔（十六）阿叉裔（十七）阿耆膩（十八）羶帝（十九）賖

這時，藥王菩薩對釋迦牟尼佛說：「世尊！我現在應當給講說《法華經》的法師說陀羅尼神咒，以守護他們。」於是，藥王菩薩便說出了如下神咒：

「安爾。曼爾。摩禰。摩摩禰。旨隸。遮梨第。賖咩。賖履多瑋。羶帝。目帝。目多履。娑履。阿瑋娑履。桑履。娑履。叉裔。阿叉裔。阿耆膩。羶帝賖履。陀羅尼。阿盧伽婆娑簸蔗毗叉膩。禰毗剃。阿便哆邏禰履剃。阿亶哆波隸輸地。歐究隸。牟究隸。阿羅隸。波羅隸。首迦差。阿三磨三履。佛陀毗吉利奏帝。達磨波利差帝。僧伽涅瞿沙禰。婆舍婆舍輸地。曼哆邏。曼哆邏叉夜多。郵樓哆。郵樓多憍舍略。惡叉邏惡叉冶多冶。阿婆盧。阿摩若那多夜。」

履（二十）陀羅尼（二十一）阿盧伽婆娑（蘇奈反）簸蔗毘叉膩（二十二）禰毘剃（二十三）阿便哆（都餓反）邏禰履剃（二十四）阿亶哆波隸輸地（途賣反）（二十五）漚究隸（二十六）牟究隸（二十七）阿羅隸（二十八）波羅隸（二十九）首迦差（初几反）（三十）阿三磨三履（三十一）佛馱毘吉利袠帝（三十二）達磨波利差（猜離反）帝（三十三）僧伽涅瞿沙

禰（三十四）婆舍婆舍輸地（三十五）曼哆邏（三十六）曼哆邏叉夜多（三十七）郵樓哆（三十八）郵樓哆憍舍略（來加反）（三十九）惡叉邏（四十）惡叉治多治（四十一）阿婆盧（四十二）阿摩若（荏蔗反）那多夜（四十三）」

爾時勇施菩薩白佛言：「世尊！我亦為擁護讀誦受持法華經者，說陀羅尼。若此法師得是陀羅尼，若夜叉、若羅剎、若富單那、若吉遮、若鳩

這時，一位名叫勇施的菩薩對釋迦牟尼佛說：「世尊！我也為擁護、讀誦、受持法華經的法師們說一個陀羅尼神咒。如果這些法師得到了這個陀羅尼神咒，那麼，即使不管是遇到夜叉（勇健鬼），或者是羅剎（捷疾鬼），或者是富單那（臭餓鬼），

槃茶、若餓鬼等，伺求其短，無能得便。」即於佛前而說呪曰：

「痤（誓螺反）隸（一）摩訶痤隸（二）郁枳（三）目枳（四）阿隸（五）阿羅婆第（六）涅隸第（七）涅隸多婆第（八）伊緻（猪履反）柅（女氏反）（九）韋緻柅（十）旨緻柅（十一）涅隸墀柅（十二）涅犁墀婆底（十三）」

「世尊！是陀羅尼神呪，

或者是吉庶（所作鬼），或者是鳩槃荼（甕形鬼），還是餓鬼，不論這些惡鬼如何尋找他們的短處，他們也不會為惡鬼留下可乘之機。」於是，勇施菩薩便在釋迦牟尼佛面前說出如下咒語：

「座隸。摩訶座隸。郁枳。目枳。阿隸。阿羅婆第。涅隸第。涅隸多婆第伊緻。柅韋緻柅。旨緻柅。涅隸墀柅。涅梨墀婆底。」

「世尊，這個陀羅尼神咒是與恆河沙數一樣多恒河沙等諸佛所說，亦皆隨喜，若有侵毀此法師者，則為侵毀是諸佛已。」

爾時毘沙門天王護世者白佛言：「世尊！我亦為愍念眾生、擁護此法師故，說是陀羅尼。」即說呪曰：

「阿梨（一）那梨（二）㝹那梨（三）阿那盧（四）那履（五）拘那履（六）」

「世尊！以是神呪擁護法師，我亦自當擁護持是經者，

的如來世尊所說的，而且，這些如來世尊都隨順此咒，心生歡喜。**如果有誰侵擾詆毀這些講說法華經的法師，那麼，誰就是侵擾詆毀這恆河沙數一樣多的如來世尊。」**

這時，四大天王中守護北方世界毗沙門天王對釋迦牟尼佛說：「世尊！我也有憐憫、關懷眾生，擁護講說法華經的法師，而說一個陀羅尼神咒。」於是，這位天王便說出如下咒語：

「阿梨。阿梨。㝹那梨。阿那盧。那履。拘那履。」

說完如上咒語，毗沙門天王又對釋迦牟尼佛說：「世尊！除了用這種神咒擁護講說《法華經》

今百由旬內無諸衰患。」

爾時持國天王在此會中，與千萬億那由他乾闥婆眾，恭敬圍繞，前詣佛所，合掌白佛言：「世尊！我亦以陀羅尼神呪，擁護持法華經者。」即說呪曰：

「阿伽禰（一）伽禰（二）瞿利（三）乾陀利（四）旃陀利（五）摩蹬者（六）常求利（七）浮樓莎柅（八）頞底（九）」

的法師外，我本身也應當**擁護受持這部經典的所有眾生，使他們在一百由旬之內，沒有任何衰退與禍患。**」

那時，四大天王中的持國天王，也在法華會上，他與恭敬圍繞在他身邊的千萬億兆乾闥婆神走到釋迦牟尼佛的面前，雙手合掌，對佛說道：「世尊！我也以陀羅尼神咒來擁護受持法華經的法師。」於是，持國天王說出如下咒語：

「阿伽禰。伽禰。瞿利。乾陀利。旃陀利。摩蹬者。常求利。浮樓莎柅。頞底。」

「世尊！是陀羅尼神呪，四十二億諸佛所說，若有侵毀此法師者，則為侵毀是諸佛已。」

爾時有羅剎女等，一名藍婆，二名毘藍婆，三名曲齒，四名華齒，五名黑齒，六名多髮，七名無厭足，八名持瓔珞，九名睪帝，十名奪一切眾生精氣，是十羅剎女，與鬼子母，并其子及眷屬，俱詣佛所，同聲白佛言：「世尊！我等亦欲擁護讀誦受持

說完如上咒語，持國天王又對釋迦牟尼佛說：「世尊！這個陀羅尼神咒，是從前四十二億位如來世尊所說的。**如果有誰侵擾詆毀這些受持法華經的法師，那他就等於是侵擾詆毀這四十二億如來世尊。**」

這時，法華會中有十位羅剎女，第一位名叫藍婆，第二位名叫毗藍婆，第三位名叫曲齒，第四位名叫華齒，第一五名叫黑齒，第六位名叫多發，第七位名叫無厭足，第八位名叫持瓔珞，第九位名叫皋帝，第十位名叫奪一切眾生精氣。這十位羅剎女與鬼母及其兒子與眷屬一同來到佛的面前，同聲對佛說道：「世尊！**我們也想擁護那些讀誦、受持《法華經》的法師，以消除他們的衰退與禍患。如**

法華經者，除其衰患，若有伺求法師短者，令不得便。」即於佛前，而說呪曰：

「伊提履（一）伊提泯（二）伊提履（三）阿提履（四）伊提履（五）泥履（六）泥履（七）泥履（八）泥履（九）泥履（十）樓醯（十一）樓醯（十二）樓醯（十三）樓醯（十四）多醯（十五）多醯（十六）多醯（十七）兜醯（十八）㝹醯（十九）」

果有誰尋找法師的短處，使他們不能得逞。」於是這位羅剎女等便在釋迦牟尼佛前說出如下咒語：

「伊提履。伊提泯。伊提履。阿提履。伊提履。泥履。泥履。泥履。泥履。泥履。樓醯。樓醯。樓醯。樓醯。多醯。多醯。多醯。兜醯。㝹醯。」

「寧上我頭上，莫惱於法師。若夜叉、若羅剎、若餓鬼、若富單那、若吉遮、若毘陀羅、若犍馱、若烏摩勒伽、若阿跋摩羅、若夜叉吉遮、若人吉遮，若熱病若一日、若二日、若三日、若四日乃至七日，若常熱病，若男形、若女形、若童男形、若童女形，乃至夢中，亦復莫惱。」

諸羅剎女說此偈已，白佛言：「世尊！我等亦當身自擁護受持、讀誦、修行是經者，

「我們寧願諸鬼在我們頭上為所欲為，也不讓他們去擾亂受持法華經的法師。這些惡鬼，如夜叉鬼、羅剎鬼、餓鬼、富單那鬼、吉蔗鬼、毗陀羅鬼、犍馱鬼、烏摩勒伽鬼、阿跋摩羅鬼、夜叉吉蔗鬼、熱病鬼。假使在一日、二日、三日，四日甚至七日之中，常有熱病鬼出沒，不論其以男形還是女形，不論其以童男形還是童女形，甚至在夢中，都不能擾亂這些受持《法華經》的法師。」

羅剎女們說完這些偈語之後，對釋迦牟尼佛說：「世尊！我們也應當親自擁護那些受持、讀誦**《法華經》並依法華經而修行的法師，使他們身心**

令得安隱，離諸衰患，消眾毒藥。」

得到安穩，遠離各種衰退與禍患，消除各種害人的毒藥。」

妙莊嚴王本事品第二十七

遇佛、聽法之難得

妙莊嚴王信奉外道，
因其夫人及二子度化，
後歸依佛門並證佛果。

【釋題】

佛說弟子宿世的行業事跡，叫做「本事」。本品明往昔雲雷音宿王華智佛時，有一國王名「妙莊嚴」，即今靈山會上的華德菩薩；其夫人淨德，即今之莊嚴相菩薩；其二子淨藏、淨眼，即今之藥王、藥上菩薩。他們全家如何修行《法華經》的事跡。

【要義】

這一品是敘述妙莊嚴王，深受淨藏（藥王菩薩）和淨眼（藥上菩薩）兩個兒子的感化，開佛知見，得到法益。「妙莊嚴王」是一個國王，這國王很有善根，有慈悲心、善心，但是他信邪教，沒有真正的智慧。他與其他三位比丘過去世同修道侶，因為四個比丘都要吃飯，也都要有地方住，需要有護法來供養。於是他發願來護持其他三位比丘，令其他三人勤修，得成聖果。今世為念王前恩，一人做他的夫人，兩人為王子，藉此親屬關係，把這邪見的父親、邪見的丈夫度得信三寶了。

乃往古世，過無量無邊不可思議阿僧祇劫，有佛名雲雷音宿王華智多陀阿伽度、阿羅訶、三藐三佛陀，國名光明莊嚴，劫名憙見。彼佛法中有王，名妙莊嚴，其王夫人名曰淨德，有二子，一名淨藏，二名淨眼。是二子有大神力，福德智慧，久修菩薩所行之道，所謂檀波羅蜜、尸羅波羅蜜、羼提波羅蜜、毘梨耶波羅蜜、禪波羅蜜、般若波羅蜜、方便波羅蜜，慈悲喜捨，乃至三十七品助道法

遠古之世，從現在向過去追溯無量無邊不可思議阿僧祇那麼多的劫數前，有一位佛，他的名字叫做雲雷音宿王華智，同時具足如來、應供、正遍知等各種稱號。佛所在的國土，名叫光明莊嚴，所處的時劫，名叫喜見。在這位如來世尊的法化範圍之中，有一位國王，名叫妙莊嚴，國王的夫人名叫淨德。妙莊嚴王人兩個兒子，一個名叫淨藏，一個名叫淨眼。這兩位兒子皆有很大的神通之力，福德與智慧同時兼備。他們很久以來就修大乘菩薩所行的道法，即謂布施波羅蜜、持戒波羅蜜、忍辱波羅蜜、精進波羅蜜、禪定波羅蜜、般若波羅蜜、方便波羅蜜，還有大慈、大悲、大喜、大捨之四無量心，直至三十七品助道法，他們全都明了而通達。淨藏和

皆悉明了通達。又得菩薩淨三昧、日星宿三昧、淨光三昧、淨色三昧、淨照明三昧、長莊嚴三昧、大威德藏三昧，於此三昧亦悉通達。

爾時彼佛欲引導妙莊嚴王，及愍念眾生故，說是法華經。時淨藏、淨眼二子到其母所，合十指爪掌白言：「願母往詣雲雷音宿王華智佛所，我等亦當侍從，親近、供養、禮拜。所以者何？此佛於一切天人眾中說法華經，宜應聽受。」

淨眼二位王子還證得了大乘菩薩的各種清淨妙定，如：日星宿妙定、淨光妙定、淨色妙定、淨照明妙定、長莊嚴妙定、大威德藏妙定。二位王子對於這些妙定，也都能通達無礙。

當時，那位雲雷音宿王華智佛，想引導妙莊嚴王並出於對一切眾生憐湣關懷的緣故，所以講解這部《法華經》。這時，淨藏、淨眼二兩位王子來到母親的住所，雙手合十，對母親說：「願母后前去雲雷音宿王華智佛那裡，我們也應當隨您一同前去，以便侍從、親近、供養這位如來世尊。為什麼呢？因為此佛在所有天神與人類大眾中講說《法華經》，所以我們應該前去聆聽受教。」母親告訴兒母告子言：「汝父信受外道，深著婆羅門法，汝等應往白父，與共俱去。」淨藏、淨眼合十指爪掌白母：「我等是法王子，而生此邪見家。」母告子言：「汝等當憂念汝父，為現神變，若得見者，心必清淨，或聽我等，往至佛所。」

於是二子念其父故，踊在虛空，高七多羅樹，現種種神變——於虛空中行住坐臥；身上出水、身下出火，身下出水、身上出火；或現大身滿虛空

子說：「你們的父親信受外道，深深地執著於婆羅門教法。你們應該前去告訴父親，讓他與我們一同去。」淨藏、淨眼雙手合十，對母親說：「我們是法王如來的弟子，竟生在這個執持邪見的家庭。」母親淨德後告訴兩位兒子說：「你們當為父親感到擔憂，為父親多想想。若能為父親示現各種神通變化，他看見以後，內心會清淨，那時，他或許會聽我們的勸告，與我們一同到佛的住所聽聞佛法。」

於是，兩位王子出於對父親的關懷憶念，便以神通力，將身體騰起在空中，距地面有七顆多羅樹那麼高。二人在空中示現出各種神變景象，他們在空中行步、停留、安坐、躺臥。一會兒身上出水，身下出火；一會兒身下出水，身上出火。有時又示

中，而復現小，小復現大；於空中滅，忽然在地；入地如水，履水如地。現如是等種種神變，令其父王心淨信解。

時父見子神力如是，心大歡喜，得未曾有，合掌向子言：「汝等，師為是誰，誰之弟子？」二子白言：「大王！彼雲雷音宿王華智佛，今在七寶菩提樹下法座上坐，於一切世間天人眾中廣說法華經，是我等師，我是弟子。」父語子言：

現巨大的身軀，以至遍滿整個虛空；忽而他們又示現小身，又由小身變為大身。甚至又在虛空中消失，忽然間，卻處在地上。能像入水一樣地中，又能像走平地一樣行走在水面。**他們示現這些神變，目的是使父王心地清淨，能生信解佛法之心**。

這時，父親看見兒子有這般神通之力，心中十分歡喜，深感此乃從未有過的奇事。於是妙莊嚴王雙手合掌對兒子說：「你們的師父是誰？你們是誰的弟子？」兩位兒子回答說：「大王，那位雲雷音宿王華智佛，現在正在七寶樹下的法座上坐著，正對著一切世間的天神與人類大眾中廣泛講說《法華經》。此佛是我們的師父，我們是他的弟子。」父親對兒子說：「我現在也想拜見你們的師父，我們

「我今亦欲見汝等師，可共俱往。」

於是二子從空中下，到其母所，合掌白母：「父王今已信解，堪任發阿耨多羅三藐三菩提心。我等為父已作佛事，願母見聽，於彼佛所出家修道。」

時雲雷音宿王華智佛告四眾言：「汝等見是妙莊嚴王，於我前合掌立不？此王於我法中作比丘，精勤修習，助佛道法，當得作佛，號娑羅樹王，

可以一同前往。」

兩位王子因此從空中下來，來到他們母親的住所，雙手合掌向母親說：「父王現在已經深信了解佛法，可以在此基礎上發下求證無上正等正覺的誓願。我們已為父親作方便化導的佛事，願母親允許我們到佛所，跟佛出家修道。」

這時，雲雷音宿王華智佛對四眾弟子說：「你們看見這位妙莊嚴王在我面前合掌站著嗎？此國王將在我的佛法中作比丘，他精勤修習，助佛弘道，日後必將成佛，佛號為娑羅樹王，國名叫光大，劫名叫大高王。這位娑羅樹王佛擁有無數菩薩大眾和

國名大光，劫名大高王。其娑羅樹王佛，有無量菩薩眾及無量聲聞，其國平正，功德如是。」其王即時以國付弟，與夫人、二子並諸眷屬，於佛法中出家修道。

二子如是以方便力善化其父，令心信解，好樂佛法。

無數聲聞弟子，他的佛國平坦方正，他的功德就是如此的巨大。」這位妙莊嚴王便立即把國家交付給弟弟治理，自己與夫人、兩位王子和所有眷屬們，在佛法中出家修道。

兩位王子就這樣，以方便法門的力量，諄諄善誘，化導了他們的父親，使其產生了相信並了解佛法的心意，從而喜好佛法。

普賢菩薩勸發品第二十八

佛告普賢菩薩成就四法當得法華經成就

佛陀在如來滅度之後，如果能夠成就四種法，就可得到這部法華經。

【釋題】

「普」，即願行遍一切處；「賢」，即妙善之義。此菩薩，為行普賢行故，在東方寶威德佛的淨妙國土，聞此方靈鷲說法華經，特來聆聽，並勸人發心持經，故題此品名為「普賢菩薩勸發品」。

【要義】

佛為普賢菩薩說佛滅度後得《法華經》的四個方法，為諸佛護念、殖眾德本、入正定聚、發救一切眾生之心，當得《法華經》成就。普賢菩薩即發願守護受持《法華經》者，使無量無邊眾生同霑法益。

佛告普賢菩薩：「若善男子、善女人，成就四法，於如來滅後，當得是法華經：一者、為諸佛護念，二者、殖眾德本，三者、入正定聚，四者、發救一切眾生之心。善男子、善女人，如是成就四法，於如來滅後，必得是經。」

爾時普賢菩薩白佛言：「世尊！於後五百歲、濁惡世中，其有受持是經典者，我當守護，除其衰患，令得安隱，使無伺求得其便者，若魔、若

釋迦牟尼佛告訴普賢菩薩說：「如果善男子善女人能夠成就四種法，那麼，在佛陀滅度之後，他們就可得到這部《法華經》。這四種法是：**第一，得到諸佛的愛護與關懷；第二，種下各種福德的根子；第三，進入破除顛倒妄想、必能最終證悟者的行列；第四，發下了救度一切眾生的誓願。**善男子、善女人若能成就這四種法，那麼，**在佛陀離世滅度之後，也能得到這部經典。**」

這時，普賢菩薩對釋迦牟尼佛說：「世尊！在您滅度之後的最後一個五百年中，正處五濁惡世之時，**如果有受持這部《法華經》的話，我就會守護此人，消除他的衰敗與患禍，使他得到安穩，**使沒有人會來找他的麻煩之便利！使如下魔鬼無可乘之

魔子、若魔女、若魔民、若為魔所著者，若夜叉、若羅剎、若鳩槃茶、若毘舍闍、若吉遮、若富單那、若韋陀羅等，諸惱人者，皆不得便。是人若行、若立、讀誦此經，我爾時乘六牙白象王，與大菩薩眾俱詣其所，而自現身，供養守護，安慰其心，亦為供養法華經故。是人若坐、思惟此經，爾時我復乘白象王現其人前，其人若於法華經有所忘失一句一偈，我當教之，與共讀誦，還令通

機，如魔王、魔子、魔女、魔民、為魔附體者、夜叉鬼、羅剎鬼、鳩槃頭鬼、毗舍闍鬼、吉遮、富單那鬼，韋陀羅鬼等等，所有這一切惱人的妖魔鬼怪都沒有可乘之機去傷害受持《法華經》的眾生。五濁惡世中受持法華經的人，不論他行走還是站立，**只要他讀誦這部經典，我就會在於那個時候騎乘著長有六牙的大白象王，與大菩薩眾一起去到他的跟前，然後自己現出身相，供養並守護他，安慰他的心靈，**當然這也是為了供養法華經的緣故。也因見到我的緣故，即會得到正定，以及總持，這種總持叫做旋總持、百千萬億旋總持、法音方便總持，定會得到這些總持的！此人如果在打坐中思惟此經，那時，我出會騎乘白象王，現身在他的面前。此人

利。爾時受持讀誦法華經者，得見我身，甚大歡喜，轉復精進，以見我故，即得三昧及陀羅尼，名為旋陀羅尼、百千萬億旋陀羅尼、法音方便陀羅尼，得如是等陀羅尼。」

如果對《法華經》中的某句話或某個偈頌一時忘記了，我就會教示他，與他一起讀誦，使他恢復到流利的程度。那時，受持、讀誦《法華經》的人可以看到我的身相，所以，他會極其歡喜，由此更加精進。**因為看見我的緣故，即會得到正定，以及總持，這種總持叫做旋總持、百千萬億旋總持、法音方便總持**，他能夠得到如此神妙、如此眾多的陀羅尼。」

國家圖書館出版品預行編目（CIP）資料

法華經精要,不可思議的今生成佛智慧：開發您本有的無限潛能 / (姚秦)鳩摩羅什原譯；梁崇明編譯. --
-- 初版. -- 新北市：大喜文化, 2019.05
面；　公分. -- (經典精要；108002)
ISBN 978-986-97518-4-1(平裝)

1.法華部

法華部　108005097

經典精要 108002

法華經精要，不可思議的今生成佛智慧：開發您本有的無限潛能

原　　譯：（姚秦）鳩摩羅什
編　　譯：梁崇明
編　　輯：謝文綺
發 行 人：梁崇明
出 版 者：大喜文化有限公司
封面設計：大千出版社
登 記 證：行政院新聞局局版台省業字第 244 號
P.O.BOX ：中和市郵政第 2-193 號信箱
發 行 處：23556 新北市中和區板南路 498 號 7 樓之 2
電　　話：02-2223-1391
傳　　真：02-2223-1077
E-Mail：darchentw@gmail.com
銀行匯款：銀行代號：006　帳號：002-120-348-27
　　　　　臺灣企銀　帳戶：大喜文化有限公司
劃撥帳號：5023-2915，帳戶：大喜文化有限公司
總經銷商：聯合發行股份有限公司
地　　址：231 新北市新店區寶橋路 235 巷 6 弄 6 號 2 樓
電　　話：02-2917-8022
傳　　真：02-2915-7212
出版日期：2019 年 5 月
流 通 費：$350
網　　址：www.facebook.com/joy131499
I S B N：978-986-97518-4-1